新社会人のための法律知識

働くときのギモン Q&A

弁護士 千葉 博 著

経営書院

はじめに

社会人としての一歩を踏み出す。わくわくした気持ちの一方で、どことなく不安を感じるという方も多いと思います。本書は、そのような皆さんが、少しでもスムーズなスタートを切り、思わぬところで足をすくわれたりしないようにお手伝いしたい、との思いから作成されました。

社会には、特有のルールがあります。

学生として過ごしてきた社会にも、学内での教授との人間関係、サークルでの先輩後輩としての人間関係と、いろいろなルールがありましたよね。でも、社会でのルールは、それとはまったく別の世界です。

もちろん、これまでの人間関係で学んでこられた、人としての礼儀や気遣いなどが役に立つことはいうまでもありません。でも、社会には、それよりももっともっと強力な「法律に基づいたルール」があります。

例えば、皆さんは、会社に30分遅刻してしまった場合、どうしますか？　まじめな方は、しっかり30分残業して、会社に迷惑をかけないようにしなければ、と思うかもしれません。でも、そうはいかないのです。勝手に残って仕事をすれば、上司や会社に迷惑をかけることもあります。

学生時代からやってきたバイト先から、「月末、超いそがしいから、ちょっとだけ手伝ってくれないかな？」などと連絡があったら、反射的に、「ちょっとだけならいいですよ！」などと答えたりしませんか？　これも、場合によっては、副業として会社との間で問題になることもあるのです。

社会に存在するこういった法的ルールは、基本的に、会社の仕事を円滑に進められるようにするルールであり（パワハラ上司から皆さんを守ってくれるのも法律です！）、きちんと仕事をしていこうという皆さんの味方になります。でも、その反面、ルールから外れた行為をすれば、それが会社であれ、上司であれ、部下であれ、厳しい評価を受けたり、ときには損害賠償、懲戒処分などの厳しいペナルティにつながり得ることも事実です。

このルールを活かすことができるかどうかは自分次第です。難しいのは、最初は誰もこの社会のルールをよくわかっていないということ。まじめに頑張ろうとしているのに、ただルールを知らなかっただけで損をするのではたまりませんよね。

本書は、皆さんにとって、社会のベースとなっている法律のルールが頼もしい味方になるように、多くの人が引っかかりがちな、ありがちな事例や悩みを取り上げて、Q&A形式でまとめたものです。

最初に一気に読み通して全体像をつかんでいただくのもいいですが、誰しも、実際に問題にぶつかったときこそ、真剣に悩むもの。そのようなときに、該当する部分を探して読んでいただけると、最も効果的なのではないかと思います。ぜひ、本書は、ご自身の身近においていただいて、「これはどうなんだ?」と疑問がわいたときに、関連ありそうなところを読むようにしてみてください。

本書が永く皆さんのお手元でお役に立ち続けることを願ってやみません。

２０２２年12月　千葉　博

第3章

社員として許される行動の範囲

第4章
これって法律違反？

第5章
仕事のミスは自己責任？

第6章 プライバシーは守られる？

第7章 顧客・取引先との向き合い方

本書は、42のギモンⓆと回答Ⓐから構成されています。テーマごとに章分けしてありますが、気になるギモンⓆから読んで大丈夫です。目次（6－13頁）でギモンが一覧できますので、気になる出来事を探してみてください。

多くの人が思うギモンです

ズバッと一言で回答

じゃあどうすればいいの？と思う人へ、次の行動をアドバイス

回答のポイント

Q1

入社時に示された労働条件の内容が、採用サイトに掲載されていたものと違っているのに気づきました。だまされたのでしょうか？

回答

だまされたとは限らないでしょう。採用サイトへの掲載後に変更があった、最初の掲載内容が不十分だったなど、いろいろなパターンが考えられます。

アクションアドバイス

人事担当者に率直に聞いてみましょう。

「以前、採用サイトに書かれていた内容と違う気がするのですが、教えていただけますか？」

1

労働条件の明示

会社に就職するにあたって、どのような労働条件で契約するのかは、大切な問題です。正社員として勤務するのか、契約社員やパートタイマーになるのか。何時から何時まで働いて、賃金はいくらもらえるのか…。就職しようとする学生にとって、

2

ここがPoint

利用目的を明らかにするように会社に求めることは可能です。どうしても提出したくなければ、提出しないことも可能です。

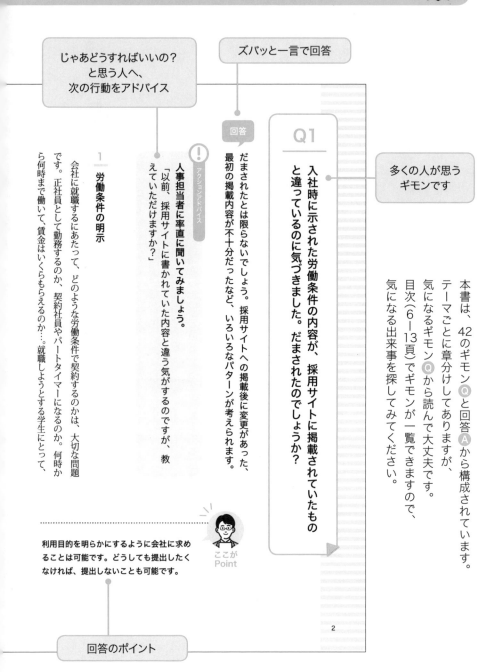

第1章　入社後に感じるギモン

重大な関心事であることは否定できませんね。

そこで、法律では、採用活動が公正になされるよう、企業がハローワーク等へ求人申込みをする際や、ホームページ等で募集を行う場合は、**労働契約**を締結するまでの間、採用後に従事する業務の内容および賃金、労働時間その他の労働条件を明示することが求められています。基本的には書面で示すことになりますが、本人が希望すれば、ＦＡＸ、電子メール等で示すこともできます（**職業安定法**）。

この制度が適切に運用されるよう、国が指針を定め、以下の点を企業に求めています。国としても、労働条件の明示がとても重要だと考えていることがわかりますね。

- 明示する労働条件は、虚偽または誇大な内容としてはならない
- 有期労働契約が試用期間としての性質を持つ場合、その期間中の労働条件を明示しなければならない
- 試用期間と本採用が１つの労働契約であっても、試用期間中の労働条件が本採用後の労働条件と異なる場合は、試用期間中と本採用後のそれぞれの労働条件を明示しなければならない
- 労働条件の水準、範囲等を可能なかぎり限定するよう配慮が必要である
- 労働条件は、職場環境を含め可能なかぎり具体的かつ詳細に明示するよう配慮が

法律Check

1 **労働契約とは…**
□□

2 **行政の指導監督や罰則とは**
□□□

3

回答の解説。大切なところには色をつけています。
法律は太字です。
アミがかかっているものについては、下の「法律 Check」で確認してみてください。

知っていても
ソンはない法律。
巻末に索引があります。

第1章

入社後に感じるギモン

「あれ？ 給料の額違くない？」

「誓約書の提出って義務なの？」

皆さんが入社して感じたギモン、お答えします。

Q1

入社時に示された労働条件の内容が、採用サイトに掲載されていたものと違っているのに気づきました。だまされたのでしょうか？

回答

だまされたとは限らないでしょう。採用サイトへの掲載後に変更があった、最初の掲載内容が不十分だったなど、いろいろなパターンが考えられます。

アクションアドバイス

人事担当者に率直に聞いてみましょう。

1 会社は労働条件を明示する義務がある

会社に就職するにあたって、どのような労働条件で契約するのかは、大切な問題です。正社員として勤務するのか、契約社員やパートタイマーになるのか。何時から何時まで働いて、賃金はいくらもらえるのか…。就職しようとする学生にとって、重大な関心事であることは間違いないと思います。

そこで、法律では、採用活動が公正になされるよう、企業がハローワーク等へ求

ここがPoint

募集時に会社が示した労働条件は簡単に変更できません。募集時に示した労働条件が事実と異なれば、会社が行政指導や罰則を受ける場合もあります。

人申込みをする際や、ホームページ等で募集を行う場合は、採用が決まって労働契約を締結するまでの間、採用後に従事する業務の内容および賃金、労働時間その他の労働条件を明示するよう求めています。基本的には書面で明示することになりますが、本人が希望すれば、ＦＡＸ、電子メール等で明示することもできます（職業安定法）。

この制度が適切に運用されるよう、国が指針を定め、以下の点を企業に求めています。国としても、労働条件の明示がとても重要だと考えていることがわかりますね。

- 明示する労働条件は、虚偽または誇大な内容としてはならない
- 試用期間として本採用の前に有期労働契約を結ぶ場合、その期間中の労働条件を明示しなければならない
- 試用期間と本採用が1つの労働契約であっても、試用期間中の労働条件が本採用後の労働条件と異なるときは、試用期間中と本採用後のそれぞれの労働条件を明示しなければならない
- 労働条件の水準、範囲等を可能なかぎり限定するよう配慮が必要である
- 労働条件は、職場環境を含め、可能なかぎり具体的かつ詳細に明示するよう配慮が必要である

法律Check

1 **労働契約とは…**

働く人が雇い主に対して、対価を得て労働することを約束する契約のことを言います。

2 **有期労働契約とは…**

1年や6カ月など、契約期間に定めのある労働契約のことです。

●明示する労働条件が変更される可能性がある場合はその旨を明示し、実際に変更された場合は速やかに知らせるよう、配慮が必要である

2 明示された労働条件が事実と異なったら

明示していた労働条件を後から変更したのに本人に適切に知らせていない場合や、当初の明示内容が虚偽だったり、明示の方法が不十分だったなど、不適切である場合には、企業が行政による指導監督や罰則等を受ける可能性もあります。

募集時にきちんと労働条件を明示するよう、法律で定められているわけですから、会社にだまされたのではないか、と心配するよりも、人事担当者に率直に聞いてみることをお勧めします。

法律Check

3 **行政の指導監督や罰則とは…**

職業安定法に違反した企業は、都道府県労働局から指導監督を受けたり、懲役や罰金刑が科される場合があります。

Q2

会社から複数の緊急連絡先を提出するよう求められました。どんなときに使われるのかがわからないので、提出しなくてもよいでしょうか？

回答

どうしても嫌なら提出しなくても構いません。

アクションアドバイス

提出目的と、管理方法を確認しましょう。

1　個人情報保護法による規制がある

生存する個人に関する情報で、その情報に含まれる氏名、生年月日その他により特定の個人を識別することができるものを個人情報といいます。その取扱いについては、個人情報保護法という法律がさまざまな規制をしています。

日本では、個人情報の扱いがルーズだった時代がありました。その当時の反省に基づき、「情報の取得」「情報の利用」「情報の第三者提供」という段階ごとに個人

ここがPoint

個人情報の利用目的を明らかにするように会社に求めることは可能です。どうしても提出したくなければ、提出しないことも可能です。

情報の活用ルールを定めたのです。

2 個人情報の利用目的を明示する義務がある

ご質問の緊急連絡先は個人情報にあたります。ここで問題となるのは、「情報の取得」の段階です。まず、個人情報の取得にあたっては、利用目的を定め、本人から直接、書面で個人情報を取得する場合には、あらかじめこの利用目的を明示すべきとされています。ですから、「どんなときに使われるのかがわからない」というのであれば、会社に事前に利用目的を教えてもらうことができます。

さらに、本来の利用目的以外で利用されることがないよう、就業規則（Q3参照）に規定があるかどうかも確かめておきましょう。例えば、個人情報を扱う人を所属長だけにするなど、利用できる範囲を限定したり、それに違反した場合は懲戒処分となる規定です。

3 個人情報の提供を本人に無理強いはできない

また、皆さんの個人情報を、何でも会社が強制的に取得できるとしたら理不尽ですよね。

会社がどうしても必要とする情報については、就業規則に、このような書類を提出しなければならない、などと規定されていますが、仕事をしていくうえで本当に必要な情報だけで足りるはずです。

どのような個人情報を皆さん自身が会社に提供するかは、皆さんの意思が尊重されるのです。どうしても緊急連絡先の情報を提供したくないという人がいれば、提供しなくても構いません。

まずは、個人情報を利用する目的と管理方法を会社に確認してみましょう。

Q3

入社時に誓約書を提出しました。同僚に聞いたら、誓約書に違反すると解雇されるということですが、本当でしょうか？

回答

解雇されるかどうかは違反の内容次第ですね。

アクションアドバイス

誓約書の内容を確認し、守るべきものは守りましょう。

1 誓約書の内容も労働契約の一部になる

皆さんが入社すると、会社との間に労働契約が成立することになります。入社時に誓約書として提出した内容も、労働契約の内容の一部となります。

労働契約とは、皆さんが労務を提供し、会社がこれに対する賃金を支払うという契約です。労働契約書には、労働時間は何時から何時までか、賃金はいくらか、そのほかに労働者として守らなければならない事柄は何かなど、知っておくべき内容

ここが Point

誓約書で約束した内容は、違法・不当なもの以外は守るべきですが、違反したからといって解雇になるわけではありません。

が書かれているはずです。これらを労働条件といいます（Q1参照）。

また、会社には**就業規則**というものがあります。会社が、その事業場における労働条件や職場の規則を定めたものです。就業規則の内容は、労働契約書の内容よりも優先されます。労働契約書に書かれた労働条件が、就業規則の水準よりも低かったとしたら、就業規則の水準まで自動的に引き上げられることになるのです。

さらに、労働組合がある会社の場合には、会社と労働組合が労働条件について調印した**労働協約**というものが書面になっているはずです。労働協約の内容は、基本的に労働組合員だけに適用されますが、そこに書かれた労働条件の水準は、就業規則にも労働契約にも優先されます。

2 就業規則に懲戒処分の規定がある

誓約書に違反すると解雇されるかどうかを考えるときに特に重要なのが、就業規則です。例えば、次のような項目があります。これを服務規律といいます。

誓約書の内容は、この服務規律に関するものが多いといえるでしょう。

法律Check

1 **就業規則とは…**

常時10人以上の労働者を雇う使用者は、事業場ごとの労働条件や職場の規則を定めた就業規則を作成し届け出るよう義務づけられています（労働基準法89条）。

①生活態度一般に関する項目

「常に品位を保ち、会社の名誉を害し信用を傷つけるような行為をしないこと」

②会社の法令遵守（コンプライアンス）に関する重要事項

「職場の整理整頓に努め、常に清潔に保つようにすること」

「在職中または退職後においても業務上知り得た顧客データ等の個人情報を開示、漏えい、提供しないこと、また、コピー等を社外に持ち出さないこと」

「会社と利害関係のある取引先から、みだりに金品または飲食等のもてなしを受けたり、私事の理由で貸借関係を結んだりしないこと」

そして、就業規則の規定の中には、会社の定めた規則に違反した場合には懲戒処分を課す、という条項があるはずです。この懲戒処分の中で最も重い処分が懲戒解雇です。

3 誓約書違反で当然に解雇されるわけではない

それでは、誓約書を提出して、労働契約の一部となった内容に違反した場合、解雇されてしまうのでしょうか。解雇とは労働契約を打ち切ることです。労働契約は、働く人たちにとって生活の基盤となるものです。それが簡単になくなってしまえ

法律Check

2 **解雇と労働契約法**…労働契約法16条では、客観的に合理的な理由を欠き、社会通念上相当であると認められない解雇は、解雇権を濫用したものとして、無効とされています。

ば、非常に重大な不利益が生じることになるでしょう。そこで、解雇については、過去に多くの裁判で争われ、その結果、現在では労働契約法という法律が厳しい制約を設けています。

つまり、解雇には、①客観的かつ合理的な解雇理由がなければならず、②社会通念上、解雇するのもやむを得ないと認められることが必要だ（それほどひどい理由がある、ということです）ということです。

ですから、誓約書に違反した場合も、解雇になるかどうかはこの要件を満たすかどうかによりケースバイケースであり、当然に解雇になるわけではありません。

とはいえ、誓約書を提出しておきながらこれに違反するということは、社員としての評価を低める事由であることは言うまでもありません。自分が提出した書面の概要は、理解しておくべきです。

Q4

試用期間中の賃金は初任給よりも低いのですが、どうしてですか？
また、病気になって休んだら本採用されないというのは本当ですか？

回答

試用期間中の賃金は会社の決め方次第です。
通常、病気になって休んだから本採用されないということはありません。

アクションアドバイス

就業規則などで賃金の決め方のルールを確認しましょう。病気になっても心配せず、まずはしっかり治しましょう。

1 賃金の決め方は

賃金とは、賃金、給料、手当、賞与など名称にかかわらず、労働の対償として使用者が労働者に支払う義務を負うものをいいます。賃金は重要な労働条件の1つであり、企業は就業規則に必ず記載しなければなりません（労働基準法）。

賃金に含まれる項目や算定方法については、就業規則や賃金規程に定められてい

ここがPoint

賃金に関する決まりは、就業規則や賃金規程に記載されています。本採用としないためには厳しい要件があります。

ます。

試用期間中の賃金のあり方については、特に法律で決まっていることはありません。ただ、試用期間は、入社後の「試用」や「見習い」の期間として、会社が本人を評価して本採用するかどうかを決める判断期間です。そのため、賃金の水準が正社員よりも低く設定される場合もあり得るでしょう。

まずは、就業規則などで会社のルールを確認しましょう。

2 本採用にならない場合とは

試用期間中の人を会社が「本採用としない」ことにできるのは、どのような場合でしょうか。多くの裁判例がありますが、そこでは試用期間に入った人は、法的な保護に値すると考えられています。どういうことかといえば、試用期間に入った段階で労働契約が成立しますから、「本採用としない」ということは、労働契約を切る、つまり解雇することと同じだと判断されるのです。

具体的には、「本採用としない」ためには、①会社が、当初知ることができず、また知ることが期待できないような事実を後から知った場合で、②しかも解雇権の濫用ではない、と認められた場合のみとされています。

病気になって休んだ場合には、①の要件は満たすかもしれませんが、②を満たす

法律Check

1 **試用期間とは…**

本採用の前に試験的に使用している期間。その期間内の勤務状況によって、人物、性格、能力、経験等について社員としてふさわしいかどうかを見極める期間です。

2 **解雇権の濫用とは…**

Q3の法律Checkをご参照ください。

のは簡単ではありません。病気になったからといって、当然に仕事がずっとできないわけではなく、また、その程度もさまざまでしょう。具体的な状況に応じて考えざるを得ませんが、病気になって休んだだけで、当然に本採用されない理由になるわけではありません。

病気になってしまったとしても、心配せず、まずはしっかり治すことに専念しましょう。

法律Check

第2章

労働時間って何だろう？

「残業ばっかりさせられるし、有給休暇も取らせてくれない！」

これは「労働時間」が関係する問題です。

どうすれば解決できるのでしょう。

Q5

先輩社員から始業時刻の30分前に出社して、その日の準備をするよう言われました。この30分は労働時間ということですか？　それなら残業代はもらえますよね？

回答

一般的には、労働時間ということになります。

アクションアドバイス

先輩社員からの指示が続いたり、残業代がつかない場合は人事部に相談しましょう。

1　始業時刻の前に働く義務はあるか

就業規則には、始業・終業の時刻が記載されており、基本的に、社員はこの範囲内で労務提供を行うことになります。もっとも、時には、始業時刻より早く業務を開始したり、終業時刻より遅くまで仕事をしなければならない場合もあるでしょう。このように、就業規則で決められた範囲を超えた時間帯での労務提供を、会社

ここがPoint

会社の「指揮命令下に置かれた」労務提供であれば、始業時刻前に働いた分は労働時間となります。

が社員に命じることができるかどうかは、主に就業規則の定め方によります。

ご質問のように、先輩社員から始業時刻の30分前に出社するよう言われた場合に、従わなければならないかどうかも、就業規則の内容によります。「会社は必要に応じて、従業員に始業時刻から終業時刻以外の時間に働くことを命じる場合がある」というような規定がある場合がほとんどだと思われますが、先輩社員がその必要を判断し、命令を出す権限をもっていないのであれば、必ず従わなければならないわけではありません。

もっとも、現実問題としては、新入社員が先輩社員から始業時刻前に出社するよう言われたら、断るのはなかなか難しいかもしれません。同じことが頻繁に起きるのであれば、自分で対応しようとせず、上司に確認したり、人事部に相談に行くなどの方法も考えたほうがよいと思います。

2 始業時刻前に働いた分は労働時間になるか

それでは、始業時刻の30分前に出社して労務提供を行った場合、この時間は労働時間としてカウントされるでしょうか。労働時間にあたるかどうかは、「使用者（会

法律 Check

Q5

社）の「指揮命令下に置かれた」と言えるかどうかによって決まります（Q8参照）。

先輩社員から言われて始業時刻前に出社し、その日の準備を行ったのであれば、それは使用者の指揮命令下に置かれて労務提供をしたと考えてよい場合が多いでしょう。したがって、その30分間は労働時間としてカウントされるべきです。もし、労働時間とみなされず残業代がつかないのであれば、「サービス残業」の問題になりかねませんので、会社の人事部等に相談をしてみたほうがよいでしょう。

法律
Check

Q6

上司から指示される仕事量が多すぎて、残業しなければ終わりません。これはパワハラではないでしょうか？

回答

パワハラだとは言い切れません。

アクションアドバイス

「パワハラだ」と言い立てるのは考えものです。指示に従いながら、業務内容を記録しておきましょう。

1　労働時間は法律で規制されている

労働時間は、休憩時間を除いて、1週間に40時間、1日に8時間を超えてはならない、ということが労働基準法で定められています。これを法定労働時間といいます。許される労働時間の枠を定めて、働く人を保護しようというものです。

法律上は、この法定労働時間を超えた分が「時間外労働」となります。会社は、

ここがPoint

仕事量が多すぎるとすれば、パワハラになることはあります。ただし、残業命令だけでは、必ずしもパワハラとは言えません。

時間外労働を行わせるためには、労働者の代表者と36協定（**Q11**参照）という協定を結び、実際に働いた分には割増賃金を払わなければなりません。

残業といわれるもののすべてが、この時間外労働にあたるわけではありません。例えば、就業規則で1日の**所定労働時間**が7時間とされていれば、1時間残業しても、1日の労働時間はまだ8時間に収まっていますから、時間外労働にはあたらないのです。これを法内残業といいます。

時間外労働は、1カ月に45時間まで、1年間で360時間までしか許されないという限度が、労働基準法で定められています。しかし、総棚卸しなどの繁忙期には、どうしてもこれを超えてしまう場合があります。そのような時に備えて、「**特別条項付きの36協定**」を結んでおけば、例外が認められます。

2 労働時間とパワハラの関係

パワハラ（パワーハラスメント）とは、平たく言えば、職場における権力を用いて、他の社員に精神的・肉体的な苦痛を与え、職場環境を悪化させることです。上司による部下に対するいじめが代表例ですが、部下から上司に対して行われる場合

法律Check

1 所定労働時間とは…

労働契約書や就業規則で決められている始業時刻から終業時刻までの時間から、休憩時間を除いた時間のことです。

2 特別条項付きの36協定で認められる例外とは…

特別な事情があるときに年720時間、1カ月100時間（休日労働も合わせて）、複数の月を平均して80時間（休日労働も合わせて）まで時間外労働を行えます。

や、同僚間で行われる場合も含まれます。

このパワハラについては、厚生労働省が６つの類型を示していますが、その1つに、「過大な要求（業務上明らかに不要なことや遂行不可能なことの強制・仕事の妨害）」という項目があります。業務量が多すぎて残業しなければならない場合も、極端な場合にはパワハラになることがあります。

例えば、厚生労働省の指針では、「長期間にわたる、肉体的苦痛を伴う過酷な環境下での勤務に直接関係のない作業を命ずること」という例があげられています。この表現からわかるように、業務量が多いからといって当然にパワハラになるわけではありません。逆にパワハラにならない例として、「業務の繁忙期に、業務上の必要性から、当該業務の担当者に通常時よりも一定程度多い業務の処理を任せること」という項目があります。

やたらに「パワハラだ」と騒いでばかりでは、上司に反抗的な問題社員と見られかねません。仕事の量が多いことは、会社からの期待が大きいことを示しているとも考えられます。まずは、しっかりと取り組んでみましょう。そして、自分でも業務内容を記録・確認しておくとよいでしょう。

---

３ パワハラの６類型とは…

①身体的な攻撃（暴行・傷害）、②精神的な攻撃（脅迫・名誉毀損・侮辱・ひどい暴言）、③人間関係からの切り離し（隔離・仲間外し・無視）、④過大な要求（業務上明らかに不要なことや遂行不可能なことの強制・仕事の妨害）、⑤過小な要求（業務上の合理性なく能力や経験とかけ離れた程度の低い仕事を命じること・仕事を与えないこと）、⑥個の侵害（私的なことに過度に立ち入ること）

Q7

毎月1回は年休を取って趣味の時間に使いたいのですが、上司が「忙しいから」といって休ませてくれません。年休は権利ですから、休ませないのはおかしいですよね？

回答

休ませないのはおかしいと一概にはいえません。

アクションアドバイス

社内の申請手続きに沿って年休を取りましょう。上司が休ませてくれないということが何度も続いたら、人事部に相談してみましょう。

1 正社員の場合は10日から20日の年次有給休暇（年休）が付与される

年次有給休暇（年休）は、勤務開始の日から6カ月間継続して勤務し、全労働日の8割以上出勤した場合に付与されるもので、皆さんは給料をもらって休むことができます。

正社員の場合は、勤続期間に応じて、10日から20日の年休が付与されます。パー

ここがPoint

年休を取るためには、会社の定めた手続きに従う必要があります。「忙しい」というだけで休めないわけではありませんが、時期によっては希望の日に休めない場合もあります。

トタイマーのような短時間労働者で、労働時間が週30時間未満の人は、労働時間数に応じた相応の日数が付与されます。

これは、**労働基準法**で定められた日数ですが、もっと多い日数の年休を付与している会社もあります。

2 時季指定権と時季変更権

次に問題になるのは、いつ、この年休を取るかということです。これには、「時季指定権」と「時季変更権」というキーワードがあります。

まず皆さんは、年休をいつ取るのかを指定する権利をもっています。これが時季指定権です。とはいっても、まったくフリーに時季指定ができるわけではありません。会社からすれば、当日の朝になって社員から「今日は年休を取ります」と言われても、対応のしようがありません。そこで、合理的な範囲内で、事前に年休の取得を届出させることは許されています。皆さんの会社でも、「年休を取得する場合は5日前までに申請する」などといった決まりがあると思いますが、これのことです。

法律Check

また、「10日の年休が付与される」というと、1日単位で取得するものと考えがちですが、法律上は半日単位で取得することもできます。さらに、会社と労働者代表が労使協定を結んでいる場合には、時間単位での取得も認められています。会社の就業規則を確認してみましょう。

一方、会社の側からすれば、社員が年休を取得したいという日は、仕事の関係上、どうしても都合が悪いということもあるでしょう。原則としては、社員が指定した日に年休を取得させる必要がありますが、「事業の正常な運営を妨げられる場合」には別の日に与えることができます。これが時季変更権です。

この「事業の正常な運営を妨げられる場合」にあたるかどうかは、その日に年休を取るとどの程度の影響が生じるか、代わりの人を確保できるかといった点から判断されます。

したがって、年休を取得する場合には、会社が定めた申請手続きの決まりに従い、場合によっては、申請しても認められないことがある、ということになります。

法律Check

1 **労使協定とは…**

会社と労働者代表が交わす書面による取決めです。労働基準法などで決められている事項のいくつかが免除されるという効力を発生させます。

Q8

帰宅後も上司から電話やメール、SNSなどで仕事の連絡が入ることがあります。仕事の時間は終わっているのにと思い、とてもストレスを感じます。放っておいてよいですよね？

回答

緊急対応が必要なときもありますので、ケースバイケースでしょうか。

アクションアドバイス

頻繁に連絡が入るようでしたら、人事部などに相談してみましょう。

1　労働時間とは

労働時間については、法定労働時間という枠が決められています（Q6参照）。ここでいう労働時間とは休憩時間を除く実労働時間を指しますが、皆さんにとって1日の中で、どの部分が労働時間としてカウントされるのかは、大事な問題です。

労働時間とは、「労働者が使用者の指揮命令下にある時間」をいうとされていま

ここがPoint

業務時間外に対応を余儀なくされる場合は、それが労働時間にあたることも。あまりに頻繁に連絡が入る場合は、会社に相談してみたほうがよいでしょう。

す。会社は社員に労働を命じる権限を、労働契約に基づいてもっており、そのような命令を出して皆さんに仕事をさせることが可能な時間が労働時間となります。
「使用者の指揮命令下にあるかどうか」の判断が難しい場合もありますが、皆さんにとって労働からの解放が保障されていなければ、使用者の指揮命令下にあると言えますので、労働時間にあたるとされます。

例えば、夜間勤務中に仮眠時間が与えられていても、その仮眠を取る場所が会社から指定されており、さらにそこにかかってきた顧客からの電話に皆さんが対応しなければならない場合には、いかに仮眠時間とはいっても、いつ電話がかかってくるかと気が気でないかもしれません。このような状態では労働からの解放が保障されているとは言えないので、労働時間としてカウントすべきことになります。

また、朝の仕事が始まる前に、会社付近の掃除を社員全員で行っているなどというニュースが報道されることがありますが、掃除が社員の義務とされていて、参加しなかった場合にはマイナス査定を受けるなどというのであれば、結局、社員は使用者の指揮命令下に置かれていることになり、掃除の時間は労働時間とされることになります。

法律
Check

2 上司からの業務時間外の連絡

質問では、上司から、帰宅後も電話、メール、ＳＮＳなどに連絡があるとのことです。本来、このような業務上の連絡は、業務時間内に行われるべきでしょうが、どうしても顧客対応などの業務の必要上、業務時間外に連絡しなければならないこともあるでしょう。これを100％なし（絶対禁止）とするのは、現実的ではありません。

ただし、こういった場合でも、労働時間の外で業務連絡が行われるわけですから、基本的には社員に対応を義務づけるべきではなく、皆さんがこれにリアクションするかどうかは任意であるべきです。このような業務時間外の連絡が頻繁にあり、かつそれにすぐに対応することが余儀なくされるのであれば、その対応に要した時間も労働時間としてカウントすべき場合が出てきます。

このようなケースがあまりにも多い場合には、会社と相談してみたほうがよいでしょう。

Q9

業績悪化によって、一時的に変則的なシフト体制が組まれることになりました。休日も変わってしまうので困ります。嫌だと言えないのでしょうか？

回答

ルールにのっとって変更されたなら、嫌だとは言えないことが多いです。

アクションアドバイス

具体的に困る理由があれば、人事部に相談しましょう。

1 休日は労働条件であり、一方的に変更できない

労働者の労働条件は多岐にわたりますが、その中でも休日のあり方は大変重要です。

この休日のあり方については、他の労働条件と同様に、労働協約、就業規則、労働契約によって決められています。一般的には就業規則や労働契約書に定められていることが多いでしょう。

ここがPoint

勤務体制の変更については、就業規則の不利益変更の問題が生じる場合があります。業績悪化というだけで仕方がないというわけではありません。

ご質問では、一時的に変則的なシフト体制が組まれることになり困ったということです。会社が一方的に休日を変更できるわけではありません。基本的には、会社として、社員と話し合いをし、合意のうえで休日を変更することを目指すべきです。

2 就業規則の変更による場合

休日の変更が、就業規則の変更によって行われる場合もあり得ます。この場合、就業規則は、社員との合意によらずに会社が一方的に労働条件を変更することになりますから、無制限に認められるわけではありません。「就業規則の不利益変更」と呼ばれる問題です。

この点について、これまでの判例を踏まえ、労働契約法という法律が次のように定めています。

まず、原則として労働者の同意を取り付けるべきとしています。

そのうえで、変更に合理性があれば、就業規則による労働条件の不利益変更を認めています。

大きく言えば、会社の側の業務上の必要性がどれだけ大きいか、社員の不利益がどれだけ大きいかを比較検討することになります。

ご質問では具体的事情が明らかではありませんが、休日の日数が減ったというの

法律Check

労働契約法の内容は…

1 9条では…

使用者は、労働者と合意することなく、就業規則を変更することにより、労働者の不利益に労働契約の内容である労働条件を変更することはできない、とされています

2 10条では…

使用者が変更後の就業規則を労働者に周知させ、就業規則の変更が合理的なものである、という要件を満たした場合に、労働契約の内容である労働条件は、変更後の就業規則に定められた内容になる、とされています

ではなく、曜日が変わったというのであれば、労働者側の不利益は大きくないとされることもあり得ると考えられます。つまり、変更の合理性が認められることもあり得ます。変更の合理性が認められる場合には、労働条件の変更が有効とされますから、新しい決まりの下で働くべきことになります。

法律
Check

Q10

自然災害や感染症の拡大で自宅待機になる場合があるようです。給料が出るようですが、どこかに遊びに出かけても構わないのでしょうか？

回答

自宅待機は自由に過ごせる休日とは違います。

アクションアドバイス

スキルを磨くなど、時間を有効に活用しましょう。

1 会社は社員の安全に配慮する義務を負う

会社は、社員に対して、安全配慮義務という義務を負うとされています。これは、基本的に、自社の社員が、仕事によりケガをしたり、病気になったり、そしてもちろん、死亡したりしないように、その安全に配慮しなければならないという義務のことです。

ここがPoint

会社は、安全配慮義務との関係で、社員を自宅待機させることがあります。この場合、給料は、法的には当然に支払われるというものではありません。

また、安全や衛生の面から労働者を保護する法律として、**労働安全衛生法**という法律があります。

例えば、皆さんの会社にも、産業医の先生はいるでしょうし、安全委員会・衛生委員会・安全衛生委員会といったものも設けられているでしょう。これらはすべて、労働安全衛生法が定めたものなのです。

社員に病気、ケガなどが発生した場合、その結果をあらかじめ予見することができ、それにもかかわらず、会社が結果回避義務（予測できる損害を回避する義務）を尽くしたといえなければ、安全配慮義務の違反として、会社には損害賠償責任が発生することになります。

2 自然災害・感染症拡大による自宅待機も安全配慮義務から

2020年春のコロナウイルス感染拡大の時期に、社員を自宅待機させる会社が多く見られました。これは、会社が、社会全体の感染拡大状況や、会社における具体的な就労状況などから考えて、社員に感染が広がるおそれがあると予見できたといえる場合に、漫然と就労させ続け、結果として社員が感染してしまえば、会社に賠償責任が発生し得ることになるため、これを防止するという観点から行われたものです。

法律
Check

もちろん、感染拡大に伴い、顧客の数が減って、営業しても意味がないといった事情もあったでしょうが、社員を自宅待機させた理由の1つが安全配慮義務であったことは間違いありません。

3　自宅待機が命じられる場合の賃金は

感染症拡大などのやむを得ない理由で、会社が社員を自宅待機させる場合には、賃金の支払義務は原則として発生しないことになります。

自宅待機させたことについて会社に落ち度がある場合には、社員は働きたくても働けないのですから、会社は賃金の支払いを拒むことができないという規定があります（民法の危険負担）。

その裏返しで、感染症の拡大などで会社側に落ち度がない場合には、賃金の支払義務はないということになるのです。

ただし、会社に落ち度がないといっても、まったく賃金が支払わなければ、そのうち社員は干上がってしまうでしょう。そこで、労働基準法は「休業手当」という制度を設けています。これにより、会社に落ち度はなくても、どちらかといえば会社側の事情で自宅待機をさせるという場合には、賃金の6割を支払う必要があります。感染症対策という理由は会社側の事情ですから、自宅待機した社員に賃金の6

1　民法の危険負担とは…

売買などの契約において、自分の責任ではない原因によって、債務を免れた者が、相手方に反対給付を請求することができるか、という問題です。

2　休業手当とは…

使用者に責任がある原因によって労働者を休業させた場合に、使用者が休業期間中に支払う手当です。

割を支払う義務を負うことになります。

実際には、自宅待機の場合に賃金全額を支払うという会社も多く見られました。社員が働ける状態であるのに働けないという事情を考慮したり、賃金の6割しか支払われない場合には感染した人が感染を隠す可能性がある、といった事情などを考慮したものです。

ご質問では、会社があえて賃金の100％を支払っているようですから、法的に問題はないと言えます。もっとも、だからといって遊びに出かけるというのはどうでしょうか。自宅待機というのは、文字どおり自宅で待機すべきということであって、何をしても自由というわけではありません。自らのスキルを自主的に磨くなど、時間を有効に活用するのもよいのではないかと思います。

法律
Check

Q11

仕事が終わらなかったら、終わるまで残業しなければならないのですか？

回答

ケースバイケースです。

アクションアドバイス

会社の正式な手続きに従って残業しましょう。

社員が会社の指示を受けず、勝手に残業した場合、それは当然に労働時間と認められて賃金の支払いの対象になるわけではありません。賃金の支払いの対象となるのは、あくまでも社員が会社の指揮監督下で労務を提供したといえる場合であり、勝手に残業したからといって、それは会社の預かり知らぬところだからです。

「自分の仕事の遅れだから、賃金はもらえなくてもいい。仕事が終わりさえすれば構わない」という人もいるかもしれませんが、お金さえもらわなければよいだろ

ここがPoint

事前承認を取ることなど、会社が設けている残業の手続きがあります。勝手に残業をしないで、正式な手続きを確認し、それに従って残業をしましょう。

う、という問題でもないのです。

労働基準法は、労働時間について、労働者を保護するため、1週間につき40時間、1日につき8時間という枠を設定しています。これを「法定労働時間」といいます。

会社は、原則として、社員にはこの枠を超えて労働させてはならず、もしこれを超えてしまう場合には、「時間外労働」といって、**36協定**（さぶろくきょうてい）と呼ばれる協定を労働者の代表と結ばねばならず、賃金についても**割増賃金**という高いレートでの賃金を支払わなければならなくなります。

また、過去に労働時間が長すぎたために過労死したといった問題が社会問題になったこともあり、長時間労働は法的に責任を発生させたり、社会的に非難を受ける結果になるなど、会社にさまざまな不利益を及ぼすことになります。

ですから、多くの会社は、労働時間が不当に長くならないように、労働時間を管理しているのです。残業についても、事前に会社の承認を取ることなどとしている企業もあり、単に仕事が終わらなかったから残業しようなどと勝手に判断してよいものでもありません。

皆さんの会社では、残業について、どのような手続きで行うことになっているのか、確認してみてください。

法律Check

1 **36協定（さぶろくきょうてい）とは…**

労働基準法36条に基づく労使協定で、企業が法定労働時間（1日8時間・1週間40時間）を超えて働かせる場合の要件と上限時間数を定めたものです。

2 **労使協定とは…**

Q7を参照ください。

Q12

上司から残業を命じられたのですが、予定があるので断ろうと思います。きちんと断れば、早く帰っても問題ないですよね？

回答

断ったとしても残業をしなくてはいけない場合があります。

アクションアドバイス

残業について、就業規則などで会社の考え方を理解しておきましょう。

上司から残業を命じられた場合、それに承諾をすれば、たとえ所定労働時間を過ぎていても、その範囲で当然、労働すべき義務（労働義務・時間外労働義務）が発生します。したがって、残業をしなければなりません。

それでは、承諾をしなければよいのでしょうか。そうとは限らないのです。

いちいち承諾を取らなければ残業を命じることができないとなると、緊急に処理しなければならない仕事が発生したときに、会社は対応ができなくなってしまいま

ここがPoint

体調が悪いなどの正当な理由がないかぎり、残業を断ることはできません。

す。そこで、判例では、社員の個別の同意がない場合であっても、労働契約上の根拠があれば、会社は社員に残業を命じることができるとしているのです。

「労働契約上の根拠」とは、例えば、労働協約、就業規則、労働契約書に書かれているということです。効力が強い順に並べると、〔1〕労働協約、〔2〕就業規則、〔3〕労働契約書となります。

次のように確認しましょう。まず、①労働契約書で残業に関する内容を確認します。②就業規則には多くの場合、「業務上やむを得ない事由のある場合には時間外労働を命じることがある」などの規定があるはずです。そして、③労働協約には会社と労働組合の間で、残業について合意した内容が書かれています。

したがって、健康状態が悪いなどといった事情がないかぎり、原則として残業命令には従わなければならないのです。

法律
Check

第3章

社員として許される行動の範囲

会社のパソコンで通販の注文、転勤なんて嫌だから断る、実は副業してるんだけど……などなど。

社員だとしても、やっていいことと悪いことがあります。

その境目についてお伝えしましょう。

Q13

前の晩に飲み過ぎたときは、「体調不良」として遅刻したり休んだりしています。新入社員で仕事もあまりなく暇だから構いませんよね？

回答

懲戒処分の対象となる場合があります。

アクションアドバイス

就業規則などで勤務態度に関する会社の考え方を理解しておきましょう。

1 社員には誠実に労働する義務がある

労働契約の成立により、社員は、会社に対して労務提供義務、秘密保持義務、競業避止義務、企業の名誉を保持すべき義務、秩序遵守義務、職務専念義務などを負うことになります。この多くは、会社の就業規則の「服務規律」の項目に、次のように規定されているはずです。

ここが
Point

社員には労働義務があり、体調に関して虚偽の申告をしてごまかすのはよくありません。真実が発覚した場合には、懲戒処分を受けることも。

- 常に健康に留意し、誠意誠実をもって業務を遂行すること
- 職務の権限を越えて専断的なことを行わないこと
- 常に品位を保ち、会社の名誉を害し信用を傷つけるような行為をしないこと
- 勤務時間中は、職務に専念し、みだりに職場を離れたり、私事を行わないこと
- 酒気を帯びて勤務しないこと
- 職場の整理整頓に努め、常に清潔に保つようにすること
- 喫煙は会社が指定した場所のみで行うこと
- 酒気を帯びて就業または自動車の運転をしないこと
- 会社の施設、物品等を大切に取り扱うこと

法律Check

労務提供義務の中に、**誠実労働義務**というものがあります。労働契約上負っている労働者としての債務を忠実に履行し、使用者の利益を害しないよう配慮する義務をいいます。ただ出勤すればよいのではなく、上司の指示の下、就業規則等の社内ルールを遵守して働く必要があるといってもよいでしょう。

ご質問では、前の晩に飲み過ぎて寝坊した場合も、「体調不良」として遅刻したり休んだりしており、会社に虚偽の申告をしていることになります。虚偽の申告をして出勤すらしていないのですから、この誠実労働義務に違反することになります。

2 社員としての義務に違反すれば懲戒処分の対象に

会社は、上記のような社員の義務を守らせるため、就業規則上、服務規律の規定を設け、これに違反した社員を懲戒処分の対象としています。懲戒処分とは、企業秩序を乱した場合や、労働契約に定める義務に著しく違反した場合に下される制裁処分のことをいいます。懲戒処分を受けたことがあるかどうかは、社員としての経歴上、きわめて大きな意味をもつ（例えば昇進、昇格、配置に影響するなど）といえるでしょう。

「体調不良」だと虚偽の申告をして遅刻したり、休んだりしていることが発覚すれば、この懲戒処分の対象となることもあり得ます。直ちに、このような態度を改めるべきでしょう。

法律
Check

Q14

趣味の演劇で本番が近いため、役に合わせて髪を伸ばして後ろで結んでいます。お客さまにも理由を話すと面白がってもらえています。それなのに、上司が、長髪は認めないと注意してきました。あと数日のことですし、髪型の自由は認められるべきですから、このままでいいですよね？

回答

あなたの業務内容によります。

アクションアドバイス

就業規則などで、身なり・服装等に関する会社の考え方を確認しておきましょう。

1　会社による身だしなみの規制

学生時代には、髪型やひげ、服装などといった身なりは、その人の個性として、自由にすることができたでしょう。

でも、社会人となると、事情は異なります。会社の一員として、多くの同僚と仕

Q14

ここがPoint

社会人としては当然、身だしなみに関する要請はあります。会社はルールを作ることで制限を設けることができます。

事をすることになると共に、対外的にもしかるべき行動を取ることが期待されます。服装が乱れていたりすれば、「このような人がいる会社と取引をして大丈夫だろうか」などと不安に思われてしまい、極端な場合には取引を他社に切り替えよう、といったことにもなりかねません。

したがって、法律上も、身なりに関する決まりを守らせる必要性・合理性が認められる場合には、会社は規則を定め、違反者の人事評価を低くすることも可能であるとされています。そのため、皆さんの会社の就業規則でも、服装等の身なりについての規定が設けられていると思います。

例えば、ハイヤーの運転手など、人の心情的な部分が重要な意味をもつサービス提供業務においては、社員の服装、身だしなみ、言行等が企業の信用、品格保持に深く関係するということから、無精ひげなどについては禁止できるとされています。

茶髪も同様です。このような業種でなくとも、身だしなみは、職務遂行上、最低限守るべきラインといってよいと思います。決まった身なりをしていても、自らの個性を、仕事をこなしていくうえで発揮していく方法はいくらでもあるはずです。

長髪については、これを禁止することは、当然には会社経営上の必要性、合理性

法律
Check

があるとはいえないと考えられます。会社の業種や社員の担当業務との関係で、長髪にしていることで具体的な支障が生じるような場合であれば、会社が規制できることになります。

それぞれが置かれた状況はさまざまでしょうが、取引先から信頼感を得て、やりがいのある仕事をどんどんさせてもらうためにも、身だしなみには気をつかうようにしましょう。

Q15

アイドルのコンサートチケットの先行販売があるので、会社のパソコンから申し込む予定です。同期は、それはいけないことだと言います。短時間のことなので、問題ないですよね？

回答

程度問題ですが、やめておいたほうが無難です。

アクションアドバイス

就業規則などで勤務中の私的行為が禁止されていることを確認しましょう。

1 勤務中には私的行為が制限される

社員は、会社に対して職務専念義務を負っています。職務専念義務とは、勤務時間中は仕事に専念し、私的行為を控えなければならないという義務です。したがって、勤務中の私的行為の禁止・制限もその内容となります。会社のパソコンで私用メールを多数送受信すること、業務と関係のないサイトを閲覧することなどが問題

ここがPoint

会社のパソコンの私的利用は、会社のルールに違反することが一般的です。短時間であっても、行うべきではありません。

となります。

なお、休憩時間中の私的行為についても、会社には施設管理権というものがあり、制限をかけることができます。

2 私用メールは職務専念義務違反になる

私用メールに関しては、送信者はメールの文章を考えて作成し送信する間、職務専念義務に違反し、私用で会社の施設を使用するという企業秩序違反行為を行うことになりますし、受信者が就労中であれば、私用メールを読む間は職務に専念していないことになります。そこで、裁判所はこのような行為が懲戒処分の対象となり得ることを認めています。

もっとも、私用メールを完全に禁止するのも現実的とはいえません。皆さんは個人として社会生活を送っている以上、就業時間中に外部と連絡を取ることが一切許されないわけではありません。就業規則等に特段の定めのないかぎり、職務遂行の支障とならず、会社に過度の経済的負担をかけないなど、社会通念上相当と認められる程度で会社のパソコンを利用して私用メールを送受信しても、職務専念義務に違反するとはいえないとした判例があります。

具体的には、１日２通程度の私用メールは、社会通念上相当な範囲にとどまるも

法律Check

1 **施設管理権とは…**

会社が企業の施設を企業目的に合うように管理する権限のことです。

ので、職務専念義務違反とはいえないとされています。結局は、程度問題ということですね。

3 会社パソコンの無断使用は懲戒処分の対象となる

会社のパソコンで業務と無関係のサイトにアクセスするようなケースについては、「許可なく職務外の目的で会社の施設、物品等を使用してはならない」といった社内規定が定められているはずです。

判例の中には、専門学校の教師が、勤務時間中などに職場のパソコンを使用して「出会い系サイト」に数回の投稿を行ったことにより懲戒解雇されたという事案があります。**裁判所は、業務用パソコンを利用して出会い系サイトに登録したり、大量の私用メールを送受信していたこと等を理由とした懲戒解雇を有効としています。**

学校で発生した事案であること、出会い系サイトであることなどを考えると、他の私的利用のケースが皆、懲戒解雇事由にあたるとまではいえないと考えられますが、好ましくない行為であることはいうまでもありません。

コンサートのチケットの申込みは、業務時間外に、会社のパソコン等を使用せずに行いましょう。

法律Check

Q16

携帯電話の充電が切れそうになると、会社の電源を使っています。先輩社員からとがめられましたが、家族からの緊急連絡が入るかもしれないので、別にいいですよね？

回答

会社の電気も、勝手に私的に使用することはできないのが原則です。

アクションアドバイス

就業規則などで会社の備品ルールを確認し、特別な事情があるときは、上司や人事部に相談しましょう。

皆さんは、会社の備品であるペンを勝手に持ち帰ったりしたことはありますか。

世間一般では、ちょっとしたものだからついつい持って帰ってしまった、などという人もいるようです。しかし、厳しい言い方をすれば、備品の持出しは、刑法上の窃盗罪・横領罪ともなり得る行為であり、軽々に行うべき事柄ではありません。

例えば、窃盗罪は次のように定められた犯罪です。

ここがPoint

Q16　**会社の備品の私的利用は、一般的に禁止されているはずです。会社の電気を勝手に使用することも好ましくありません。**

刑法235条（窃盗罪）
他人の財物を窃取した者は、窃盗の罪とし、10年以下の懲役又は50万円以下の罰金に処する。

会社としては、就業規則上の服務規律の項目に、遵守事項として、

- ・会社の車両、機械、器具その他の備品を大切にし、原材料、燃料、その他の消耗品の節約に努め、製品および書類は丁寧に扱い、その保管を厳にすること
- ・会社の施設、車両、事務機器、販売商品を無断で使用し、または私事に使用するため持ち出さないこと
- ・許可なく職務外の目的で会社の施設、物品等を使用しないこと

などと規定していることもあります。電気も、有体物ではないにしても会社の財産であり、勝手に社員が業務外で使用してよいものではないのです。

そして、これらの規定に違反した場合の例として、懲戒規定の中で次のような事

法律
Check

柄をあげ、懲戒処分の対象にしている場合があります。

・会社に属するコンピュータ、電話（携帯電話を含む）、FAX、インターネット、電子メールその他の備品を無断で私的に使用したとき
・過失により会社の建物、施設、備品等を汚損、破壊、使用不能の状態等にしたとき、またはフロッピーディスク、ハードディスク等に保存された情報を消去または使用不能の状態にしたとき

実際に懲戒処分の対象となるか否かは、具体的な状況・程度等にもよりますが、会社の規定に目を通すこともなく、軽々に行うべきではないことは、ご理解いただけると思います。軽い気持ちで、誰もがやっているだろうなどと考えて行ってしまったことが、自分の一生のキャリアを狂わせる可能性もあることを、念頭に置く必要があります。

携帯電話の充電については、特別な事情がある場合は上司や人事部に相談しましょう。

Q17

健康のために、週に2~3回は自転車通勤をしてみようと思います。試している段階なので、会社に届けていなかったのですが、誰かに目撃されたようで注意を受けました。どうして注意されなければならないのでしょうか?

回答

通勤途中で事故が起きたときは会社の責任になり得るからです。

アクションアドバイス

通勤経路変更、通勤手段変更、通勤中の事故は、会社に報告しましょう。

1 通勤中の事故が会社の責任になることも

社員が自転車事故を起こした場合、民法715条（使用者責任）によって、会社の損害賠償責任が追及される場合があります。

使用者責任とは、自社の社員が、仕事中に起こした不法行為によって、他に損害を及ぼした場合に、会社に損害賠償責任が生じるとするものです。交通事故に限ら

ここがPoint

通勤については、事故が発生した場合には会社に法的責任が生じたりし、労災の通勤災害という問題もあるため、経路や手段を会社に知らせる必要がある。

ず、企業活動一般に広く適用されるもので、通常の取引などにおけるミスでも問題になります。

使用者責任が認められるための要件は、次の3つです。

1　ある事業のために他人を使用する者であること
2　「事業の執行について」のこと」だといえること
3　被用者が第三者に加えた損害が存すること

一見わかりにくいかもしれませんが、「使用」関係がある、すなわち自社の社員が、「事業の執行について」、すなわち、基本的に仕事中に、交通事故を起こして第三者に損害を与えた場合に、会社の責任が認められるということになります。結局、「社員が仕事中に起こした事故について、会社は責任を負う」という意味になり、これ自体はあたり前と感じる人も多いでしょう。

法律Check

2 通勤災害

業務上発生した事故によって、社員がケガしたり、病気になったり、亡くなったりしたときには、会社に過失があろうとなかろうと、一定額の補償を社員や家族が受けられる**労災制度**というものがあります。

本来会社が責任を負わない通勤についても、同様の通勤災害という仕組みが設けられています。

通勤とは、仕事のため住居と就業の場所との間を、「合理的な経路および方法により」往復することをいうとされています。

「合理的な経路および方法により」というのですから、どのような手段により、どのようなルートで通勤しているときに事故が発生したかが問題となります。会社が、社員に対し、あらかじめ通勤経路や方法を申告させるのも、この理由によります。

通勤中の事故について、会社が責任を負う場合がまったくないとはいえません。ですから、ご質問のように週に2～3回は自転車通勤をするというのであれば、会社に申告して行うべきです。

法律
Check

Q18

同期が主任やリーダーに登用され始めました。自分は将来、管理職にはなりたくないので、打診が来ても断るつもりです。問題ないですよね？

回答

問題ないとはいえません。

アクションアドバイス

管理職になりたくない場合、健康問題など合理的な理由が必要です。思い当たる事情がなければ、打診に応じましょう。

1　昇進について、会社は配転命令を出すことができる

会社から管理職への昇進の打診があっても断ることができるか、というご質問ですね。これは、会社が一方的に配置転換（配転）を命じることができるか、という問題です。

ここがPoint

たとえ昇進でも、一定の場合に会社は命令を出すことができ、正当な理由がなく拒否した場合には、懲戒処分の対象となることもあります。

労働契約や労働協約で、配転命令権が具体的に記載されていれば配転命令は有効です。そうでない場合には、就業規則や労働協約、社内の慣行、労働契約締結時の状況等から、配転命令が合理的かどうかが判断されます。

配転は、あくまで社内で働くことが前提ですから、社外で就労することになる出向等と比べて、社員に与える不利益は小さいので、配転命令は有効だと認められやすいといえます。

ただし、労働契約で職種や職場が限定されている場合は別です。例えば、即戦力として特定の専門分野のみを担当することが決まっている場合や、勤務場所が明確に特定されている場合などです。

それ以外の場合は、会社は昇進を含む配転を社員に命じることができるということです。

2 昇進命令は合理的な理由がなければ断われない

それでは、昇進について、社員は拒否できるのでしょうか。損をするのは拒否した本人にすぎないと考えれば、拒否も認められるようにも思われます。

しかし、会社に配転命令権がある以上、社員から個々の同意を取ることなく、会

法律Check

1 **配置転換（配転）とは…**

従業員の配置の変更であって、しかも職務内容や勤務地が相当の長期間にわたって変更されるものをいいます。配転命令が合理的かどうかは、判例によれば、労働契約の範囲内であることが必要になります。

社は一方的に配転を命じる権限を持っているということになります。それは、昇進でも降職でも同じです。

とりわけ、総合職などのように将来の幹部候補として、管理職への昇進が前提となっている場合を考えると、会社は社員の昇進を命じる裁量を有し、合理的な理由がないかぎり、社員はこれに応じなければならないことになります。

健康上の問題があって重責には堪え難いなど、合理的理由がないかぎりは、昇進に応じないことは業務命令違反となり得ることになります。したがって、懲戒処分の対象にもなり得るのです。

Q19

テレワークの普及で転勤はほとんどなくなるようだという記事をよく見ます。私も、転勤命令を受けたら断りたいと思っています。勤務先もテレワークをしているので、大丈夫ですよね？

回答

特別な理由がないかぎり、転勤は断われません。

アクションアドバイス

就業規則などで勤務場所のルールを確認しておきましょう。転勤できない事情があれば、それを説明してみましょう。

1　会社は転勤について一方的に命令することができる

会社が配転命令を出す場合、その都度社員に個別の同意を得なければならないわけではなく、労働契約の範囲内であれば、一方的に命令することができます（Q18参照）。

したがって、転勤（転居を伴う配転のことです）についても、その命令が労働契

ここが
Point

会社には労働契約の範囲内で配転命令権があります。私生活上大きな不利益があるなどの事情がないかぎり、配転命令を断ることはできません。

約の範囲外であった場合、例えば、労働契約で特定されている勤務地から外れているといった場合でなければ、社員が転勤を拒否することには問題があります。

2 配転命令が権利濫用となる場合もある

そうはいっても、契約の範囲内であれば、会社はいついかなる場合も社員に転勤を命じることができるというわけではありません。

契約の範囲内だったとしても、配転命令が権利濫用とならないことが必要になります。会社側に業務上の必要性があっても、それに比べて、従業員の不利益があまりにも重大である場合には、配転命令が権利濫用として無効とされることになるのです。

判例としては、重病の兄・病弱な妹・高血圧の母の面倒を見ている従業員に対する東京本社から広島支社への配転が権利濫用とされたものがあります。家族3人の介護が困難になることを理由に、社員の不利益が重大であると判断したのです。このように、家族関係上の不利益が問題となるほか、社員の経歴、能力、従前の地位にあまりにもそぐわないような配転がなされた場合についても、その不利益が大きいと判断されることがあります。

法律Check

もう一方のファクターである「業務上の必要性」については、判例は、転勤先への異動が他の者に代え難いといった「高度の必要性」に限定するのではなく、労働力の適正配置、業務の能率増進、労働者の能力開発、勤務意欲の高揚、業務運営の円滑化など企業の合理的運営に寄与する点が認められるかぎりは、業務上の必要性があると考えるべきだとしています。

転勤については、会社の業務上の必要性がなかったり、本人の私生活に重大な不利益を生じるといった理由がなければ、断ることはできないといえるでしょう。転勤に応じられない事情があれば、会社に説明してみましょう。

法律Check

Q20

職場の「面白ネタ」を個人のSNSに投稿したら、評判になっています。会社名は出していませんから、問題ありませんね？

回答

情報漏えいで、問題になるかもしれません。

アクションアドバイス

SNSの使用については、会社のルールを確認しましょう。ルールがない場合は、やめておいたほうがよいでしょう。

1　社員のSNSの使用を規制する必要がある理由は

社員がスマートフォンで写真を撮ってSNS等に投稿したところ、そこに企業秘密が写り込んでいた事例等、必ずしも意図的ではない情報漏えいなども含め、社内の情報をネットに投稿することにはさまざまなリスクがあります。例えば、次のよ

ここがPoint

思いがけないささいなことから企業情報が流出することは、よくあります。「これぐらいなら大丈夫」という感覚で、職場に関する投稿をSNSで行うのは控えましょう。

うな事例です。

- 社員が社内で気軽に撮った同僚の写真がツイッターに流されたが、その端に新製品が写っており、仕様が明らかになってしまった。
- 電子部品メーカーのPR担当を名乗るツイッターユーザーが、キーボードの特殊な文字列をツイッター上で公表し、規格が漏えいした。
- 高級ホテルのレストランで、来店したスポーツ選手や芸能人のスキャンダル情報をアルバイト従業員がツイッターに書き込み、顧客プライバシーの漏えいとして騒ぎとなり、ホテル総支配人の謝罪文が公表される事態となった。
- 大手菓子メーカーの人気商品について、菓子メーカーの取引先に勤める父親が試作品を持ち帰り、家族に話したところ、娘が悪気なくツイッターに書込みをし、未発表の新作パッケージ写真とCMに起用予定というアイドルの名前が漏えいした。

ご質問では、これらのケースとは違って、職場の「面白ネタ」を投稿したとのことで、企業秘密の漏えいなどの問題はないと考えているのかもしれませんが、思いがけないところから情報は漏れるものです。

法律
Check

例えば、次のような例はどうでしょうか。

「今日は、部長と飯田橋の取引先と新規の交渉。場を和ませようとした部長の冗談が滑りまくり😅　社内だけでなく、外でも部長は無敵だった…」

一見何でもない投稿にも見えますが、事情を知る人から見れば、「この会社の人間が飯田橋で交渉というと…あの企業をねらっているのか！」などと、読み取れることもあり得ます。

結果は時には重大です。先ほどの、菓子メーカーの父親が娘に話したことから未発表の新作パッケージ写真とＣＭに起用予定というアイドルの名前が漏えいしたという件などはどうでしょう。企業のマーケティング戦略への影響は甚大なものになり得るのです。

2　会社によるＳＮＳ等への対応方針

このような、不適切なＳＮＳの利用等の事例を踏まえ、会社によってはＳＮＳを全面的に、あるいは一定の範囲で禁止するなどの方針を取っているのです。会社による過度の干渉だなどと軽々に考えるのは危険です。

このような規制に違反して会社に害が及んだ場合には、懲戒処分の対象となることもあり得ます。会社の方針を確認し、それに従った行動を取るようにしましょう。

Q21

自分が関わっている新商品の開発状況を、友人に話すことがあります。競合会社の関係者ではありませんから、心配ないですよね？

回答

心配ないとはいえません。

アクションアドバイス

社内の事情を話すのは、広報されているレベルにとどめましょう。

ご質問では、新商品の開発状況という企業の重大な情報を、競合会社の関係者ではないから、という安易な理由で漏らしてしまっているようですが、自社の業界と関係がないからといって安心はできません。

このような社員の何気ない行動によるトラブルは、ブログへの投稿などの事例で、これまでも議論されています。**何の気なしに会社の話題を載せたブログの記事が原因で大きなトラブルが発生する**例が増えています。

ここがPoint

会社の企業秘密を漏らしたり、企業・取引先の悪口を言ったりすると、競合会社の関係者に対してではなくても、大きな問題になる場合があります。

企業秘密を書いてしまったというケースでは、顧客に対して新商品のプレゼンを担当してうまくいったので、そのことをブログに詳しく書いたところ、その顧客の競合他社が、ほぼ同様の新商品の販売をし、このブログの記載が原因であるとして、取引を打ち切られてしまうといったケースもあります。

ご質問のケースでは、業界の人間にはもちろん告げない、競合会社の関係者ではないからこれとは違う、問題はないんだ、と思っていらっしゃるようですが、その人が自分のブログに書いてしまったらどうなるでしょう。あるいはその話を聞いた人が競合他社の人間に伝えてしまったら？

結果的に会社に損害が発生した場合には、責任を問われて懲戒の対象となり得るほか、損害賠償責任が生じることもあります。職務上知り得た企業秘密を漏えいさせることが、企業との関係で信義則に違反することは、当然であり、賠償責任を生じるのです（秘密保持義務）。ちなみに、責任を問われるのは本人だけとは限りません。監督不行き届きということで、上司の方まで懲戒処分の対象となることがあります。上司にも迷惑をかけることになりかねませんね。事の重大性をしっかり認識して、安易に人に企業秘密を漏らさないことです。

法律Check

1 **秘密保持義務とは…**

従業員が職務中あるいは職務に関連して知った秘密を他に漏えいしてはならない義務のことです。

企業秘密以外でも、社員がブログなどで、会社の悪口を書き、それが企業秩序を害するような場合、例えば、自社に関し、「経営状態が火の車で、いつ倒産してもおかしくない状態であるから、取引先は取引をやめたほうがよい」などと書いた場合には、企業の名誉・信用が毀損されることもあり得ます。このような場合にも、懲戒解雇を含む懲戒の対象となることが考えられます。

このほか、典型的な懲戒の対象と考えられる例としては、事実に反するもの、社会的に相当な範囲を逸脱した誹謗中傷となっているものなどがあります。特に、特定の顧客の悪口などについては、多くの場合、会社は厳しく対応できることになります。口は災いのもとです。十分に注意しましょう。

法律
Check

Q22

日頃の不摂生が理由で体調を崩した場合には、会社は面倒を見てくれないのでしょうか？　むしろ、働けなくなったら解雇されてしまうのでしょうか？

回答

休職して一定期間のうちに回復できたら解雇はされないでしょう。

アクションアドバイス

就業規則などで休職に関する社内ルールを確認しておきましょう。

1　休職期間のうちに復帰できるかどうかを見る

社員が病気により仕事ができない場合に、一定期間の「休職」期間を設け、その期間中に復帰できなければ退職扱いにするといった仕組みを、多くの会社が採用しています。

業務によるもの以外の病気（私傷病といいます）により、遅刻や欠勤を繰り返

ここがPoint

社員が病気になった際には、一定期間仕事を休むことができます。その期間中に復帰できればよいのですが、復帰できない場合には退職扱いとするといった休職制度が設けられているのが一般的です。

し、労務提供が十分にできない場合であっても、一定期間をおけば回復が見込まれるのであれば、すぐに解雇したりせず、休職期間中にその回復を見ようという制度です。

この私傷病休職については、多くの会社で、一定期間の欠勤が継続した場合に休職扱いとするという就業規則の規定が設けられています。

休職は、会社の規定に基づいて行われることになります。例えば、次のような規定です。

第○条（休職）

従業員が、次の各号のいずれかに該当したときは、休職とする。ただし、試用期間中の者、パートタイマー等に関しては適用しない。

（1）業務外の傷病により欠勤（欠勤中の休日も含む）が、継続、断続を問わず日常業務に支障を来す程度（おおむね1カ月程度以上とする）に続くと認められるとき。ただし、復職の見込みがない場合を除く。なお、先行する私傷病欠勤の途中において他の私傷病が発生しても、欠勤の起算日は変更せず、通算する。

（2）私事により、本人からの申請に基づき会社が許可したとき

法律Check

（3）公職に就任し、会社業務に専任できないとき
（4）精神または身体上の疾患により労務提供が不完全なとき
（5）出向等により、関係会社または関係団体の業務に従事するとき
（6）労働協約に基づき、組合業務に専従するとき
（7）前各号のほか、会社が特に必要と認めたとき

休職は、社員が申請して会社が許可する場合もありますし、会社が休職が必要だと判断として社員に命じることもあります。

2　休職中は賃金が支払われない場合も多い

それでは私傷病休職中、会社は面倒を見てくれるのでしょうか。これは会社の規定の定め方次第です。私傷病休職の場合には、賃金を支払わないとする扱いも広く見られます。これは、契約上予定されていた労務提供をできない状況にあると考えれば、やむを得ないでしょう。

どのような場合に私傷病休職を命じることができるかについては、会社の就業規則の規定によることになりますが、命令ができるかどうかの判断にあたって重要な

のは、労務提供のできる可能性があるかどうかです。客観的に見て労務提供ができないとまではいえない場合に、休職させることは、会社の側で社員の労務提供を拒否したということになりかねません。基本的には、医師の判断に基づいて行われるべきということになります。

3 元の職場に復帰するのが原則

休職期間中に復帰可能となった場合には、元の職場に復帰させるのが原則になります。そもそも休職制度とは、一時的に労務提供ができなくなった場合であっても、会社に対する貢献度を勘案して解雇を一定期間猶予する制度ですから、その趣旨からいっても、元の職場に戻すのが筋ということになるのです。

厚生労働省が作成したマニュアルにも、「職場復帰は元の慣れた職場へ復帰させることが原則です。ただし、異動等を誘因として発症したケース等においては、配置転換や異動をした方が良い場合もあるので、留意すべきです」と書かれています。

法律Check

1 **厚生労働省のマニュアルとは…**

「心の健康問題により休業した労働者の職場復帰支援の手引き」

Q23
居酒屋で大量に配った名刺が悪用された場合には、会社から懲戒処分を受けることになるのでしょうか？

回答

懲戒処分となる場合もあるかもしれません。

アクションアドバイス

名刺はやみくもに配らないようにしましょう。

1　名刺が悪用されトラブルになるケースがある

仕事をするうえで、名刺交換をする機会は頻繁にあるでしょう。ですから、名刺を人に渡すことはごくあたり前のことであり、何の問題もないと考えられるかもしれません。でも、実際には、そこには危険が伴い、悪用される可能性もあるのです。

まず、当然のことながら、名刺には社名・所属・氏名・住所・連絡先・メールア

ここがPoint

名刺が悪用されたことについて自身に落ち度があった場合には、懲戒処分となることもあります。名刺が配布された経緯・状況によるでしょう。

ドレスなどの個人情報がまとめて載っています。これが名簿業者などの手に渡れば、しつこいダイレクトメールや勧誘などが頻繁に来るようになるかもしれません。

成りすましの危険もあります。特に有名企業の名刺などの場合は、それは持ち主の信用にもつながりますし、それを使って大量に物品が注文され、その請求がこちらに来るといったことも考えられます。タクシーに長距離乗って、降りる際に手持ちのお金がないといってその名刺が運転手に渡され、その分の運賃の請求が来る、などということもあるでしょう。悪用のされ方には枚挙にいとまがありません。

このように、名刺の扱いによりさまざまなトラブルにつながり得ることを考えると、自分の名刺も他人の名刺も、しっかりと管理することが大切だと、ご理解いただけると思います。

2 トラブルによっては懲戒処分の対象にもなる

懲戒処分とは、企業秩序を乱した場合や労働契約に定める義務の著しい違反があった場合に下される制裁処分であり、会社の就業規則に規定されています。社員の引き起こしたトラブルが、その人の落ち度によるものであれば、この懲戒処分の対象になり得ます。

法律Check

ご質問では、業務上の必要性が認められないにもかかわらず、居酒屋で大量に名刺をまいたということになると、上記のように悪用される危険性を伴う名刺の使用方法として、落ち度があると判断されることは十分にあり得ます。

普段は何気なく行っている名刺交換ですが、社会人としての自分の顔ともなる重要なツールであることを理解して、正しく使うようにしましょう。

Q24

学生時代に小遣い稼ぎで始めた動画編集の請負を今でも続けています。自宅での作業ですから、特に会社には知らせていません。問題ないですよね？

回答

ケースバイケースです。

アクションアドバイス

就業規則などに副業のルールがあれば、それに従いましょう。

1 多くの会社が副業を禁止してきた

最近は、インターネットを使って簡単に起業することができるようになりました。片手間の副業程度であっても、いざ就職した後となれば、当然にやってよいとは限らないことに注意しましょう。

伝統的に、多くの日本企業は、副業を禁止してきました。自社に就職した以上、他社ではアルバイトだとしても就職してはならず、自ら起業することも禁止してい

ここが Point

会社によっては、副業やアルバイトを禁止している場合もあります。違反すると、懲戒処分の対象となる可能性もあるので注意しましょう。

る場合が多く見られます。最近は、副業解禁の傾向が強まってきましたが、まだまだこのような考え方は根強いようです。

会社が業務時間以外の過ごし方にまで口を挟むのかと不満に思う人もいるかもしれませんが、このような規制を会社ができるのは、会社の仕事に集中専念してもらうためであったり、社員の疲労が蓄積したり、会社の秘密やノウハウが漏えいするなど、労務提供に影響を与えることが十分考えられるため、ということになります。裁判例でも、同じ考え方から、会社が副業を規制することは認められるとしたものがあります。

2 違反者を懲戒できるか

多くの会社は、会社の決まりに違反した場合には、違反者を懲戒処分の対象としています。会社の許可なくご質問のような副業を続けることは、リスキーだと言わざるを得ません。

しかし一方で、最近は労働力の流動化傾向に伴い、副業でさまざまな仕事に従事する人が増えています。そのようななかで、判例では、副業は、基本的に私生活上の行為の1つであり、労務提供に影響がないようなものであれば、懲戒の対象には

Q24

法律Check

1 **裁判例では…**

就業時間外は本来労働者の自由な時間であり、就業規則で副業・兼業を全面的に禁止することは、特別な場合を除いて許されない、とした事件などがあります。

ならないとしています。無断で副業をした場合は懲戒事由になるといった規定を就業規則に設けていても、実際に懲戒処分にすることができるのは、労務提供上の支障や競合他社への秘密漏えいなど、企業秩序に悪影響を及ぼすことが考えられる場合に限られるのです。

ただし、例外的だとしても、副業が懲戒処分の対象になる可能性があるということは、念頭に置いておきましょう。ご質問のケースでも、会社が副業を禁止しているのであれば、請負の仕事を続けるべきかどうか、慎重に考えたほうがよいでしょう。

法律
Check

第4章

これって法律違反？

不正な検査を指示されたり、
人気漫画のキャラクターを勝手に商品に使ったり……。
悪いこととはわかっても、何がどう悪いのか？
法律違反のアレコレをとりあげます。

Q25

上司から商品の不正検査を指示されました。上司の指示だから仕方ないですよね？

回答

後で上司が「指示していない」と言う可能性もありますので、よく考えましょう。

アクションアドバイス

不正だと気づいた時点で、上司に確認しましょう。

1 企業による不正事件は後を絶たない

企業による不正に関する報道は後を絶ちません。いずれも、会社の信用を大きく損なうものであることは言うまでもありません。例えば、データや品質検査の不正に関する事案としては、次のようなケースがあります。

ここが Point

上司の指示があったとしても、大人として行う以上、不正の責任を自らが負わなければならない場合はあります。

①A社

同社の一部の製造所等では1970年代から、取引先が求める仕様に達していない製品のデータ改ざんが行われていたとされるが、2016年9月～2017年9月にかけて、同社の3製造所は顧客と合意した基準を満たさなかったアルミや銅製品などの検査データを改ざんし、基準を満たしたと偽った検査証明書305通を顧客に渡したとされている。

自らデータ改ざんを行い、また部下に指示を下した幹部自身が、最終的には役員にまでなったにもかかわらず、かかる実態の報告もなく、改善はなされなかった。

発覚した経緯については、全社的な工程の課題点洗い出しのなかで、工場側からの申告で判明したとされている。

「製品の安全性に影響がなく、顧客からのクレームも受けていない」などという主張も見られるが、企業の信用に著しいダメージを生じたことは言うまでもない。

同社は2017年10月に不正を公表し、翌年4月に会長兼社長らが辞任した。また、法人に対する不正競争防止法違反（虚偽表示）の罪に問われ、裁判所は「我が国の製造業全体の信頼も揺るがした」と述べ、求刑どおり罰金1億円を言い渡した。

法律Check

②B社

子会社で自動車部品などに使用している素材の品質データを改ざんしていたことが発覚、原因調査と再発防止策を策定したものの、最終的に社長は引責辞任した。

本件では、会社の対応の遅さが強い批判を受けた。2017年11月の不正発表後も、有力子会社であるC社は社内の特別監査の対象とされず認証機関による国際標準化機構（ISO）の取消し処分などを受けて品質担当の社員らが現場に出向き、1月下旬になって不正が発覚、同じく子会社に対する調査は1月15日になってからであった。

B社は今回の問題を受けて2月から国内外の約120拠点で「臨時品質監査」に着手したが、経営陣は当初、製造拠点に対して「書面調査」などにとどめていたために、発覚が遅れたとされる。6月には同社のD事業所でも品質問題が見つかり、JIS認証取消し処分を受けた。

発覚の経緯としては、子会社3社では2016から翌年までに、B社への内部通報や監査などをきっかけに、データに関する社内の不正が発覚したとされている。本社自体の不正については、社内調査で判明したとされている。

2　役員だけでなく担当者も責任を負うことになる

いずれも、有名企業に対する信頼を大きく損なう事案であり、企業内不正があってはならないことの証拠といえるでしょう。右記の事案では役員の責任が報じられていますが、企業による不正の事案で、**民事・刑事の法的責任**が問われ得るのは役員だけではありません。

実際に行為を担当した人も、同様に責任を負うことはあり得るのです。実際上は、上司からの命令に背くことは難しいという感覚があるかもしれません。しかし、いざ事が発覚して各人の責任が問題となった場合、上司からの命令に基づいて行ったことであることは、行為を正当化するものではありません。判断能力のある大人が、自らの判断で違法行為に加担した、ということになるのです。過去のもろもろの事案を考えると、上司が命令したことを否認する可能性すらあります。

こういった点をよくよく考えて、対応を考えるべきです。**不正に気づいた時点で上司に確認しましょう。**

1　民事責任と刑事責任とは…

民事責任とは…
他人の権利などを侵したとして、その相手に損害賠償を行う責任

刑事責任とは…
罪を犯したとして、国から罰金や懲役などの罰を受けること

Q26

部長が取引先からキックバックをもらっている証拠をつかみました。内部通報窓口に通報したいのですが、部長に仕返しをされないかと心配です。

回答

内部通報窓口が機能せず仕返しをされる可能性もあります。

アクションアドバイス

事前に弁護士に相談しましょう。

1 「公益通報」であれば通報者は保護される

自動車会社のリコール隠しや食品会社の牛肉偽装などの不正が内部告発で明るみに出たことを契機に、内部告発の有効性が注目されるようになりました。

会社内部の問題については、やはり内部にいる社員等のほうがよく見えるものです。問題点を認識した社員が、それを所定の機関に通報できるとすれば、コンプライアンス＝法令遵守の観点から、プラスになることは言うまでもありません。

ここがPoint

内部通報制度は、通報者の保護を図る制度ですが、会社によっては機能していない場合もあるため、よく見極めましょう。

そこで、公益通報者保護法という法律は、企業の秘密保持との調和を図りつつ、内部告発の良い面・悪い面を踏まえ、一定の要件を満たした「公益通報（社会全体のために通報すること）」であれば、会社はそれを行ったことを理由として、通報者を不利益に扱ってはならない、と定めました。

具体的には、公益通報の通報者は、以下のように、公益記通報をしたことを理由とする不利益な取扱いから保護されます。

> ①　解雇は無効とされる
> ②　派遣契約の解除は無効とされる
> ③　その他の不利益な取扱い（降格、減給、派遣社員の交代を求めること等）は禁止される

2　公益通報を行うか否かを慎重に判断する

各社では、法律の要請を受け、公益通報制度を整備しています。しかし、制度を正しく活用できるか、どの程度機能するか、という問題があります。

法律Check

まず、公益通報として保護されるためには、一定の要件を満たさなければなりません。通報内容は、通報者の就労先に関するもので、法律に定められた犯罪行為の事実などでなければならないなど、細かい要件が定められています。要件から外れる場合は、公益通報者としての保護が受けられないことになります。

また、通報者が違法に解雇されたなどの場合、会社は通報者に対して損害賠償責任を負うことになり、取締役も代表訴訟の提起を受けたり、通報者から責任を追及されるおそれがありますが、法律に違反して公益通報者を不利益に扱う者がないとは言い切れません。制度を動かしているのは人です。作られた制度を信頼してよいかどうかはケースバイケースと言わざるを得ません。

以上のような点を考えると、公益通報制度の利用にあたっては、事前に弁護士等に相談することをお勧めします。

法律
Check

Q27

お客さまに送る宣伝メールにキャラクターのイラストを入れたいと思います。人気漫画の主人公を少しアレンジしたらいい感じになったので、使ってみることにしました。アレンジしたし、問題ないですよね？

回答

それはやめたほうがよいでしょう。

アクションアドバイス

イラストを使いたいときは、明らかにフリーのものを使うか、新たに依頼して作成しましょう。

1 知的財産には独占権が与えられている

人間のさまざまな創作活動などの知的な生産活動は、社会の発展などに大きく寄与しています。このような活動が絶えることなく行われることが望ましいのですが、それを継続的に可能にするための工夫が、知的財産権の制度です。

具体的には、知的創造活動により成果を上げた人を保護し、一定期間の独占権が

ここがPoint

人気漫画のキャラクターのイラストを勝手に使うことは、たとえ少しアレンジしたとしても著作権や商標権の侵害にあたる可能性が高く、控えるべきです。

与えられます。自分が苦労して作り上げたものが、世間に発表した途端に他にまねをされ、結局、自分には何も残らない、というのではモチベーションも失われてしまうでしょう。

2 キャラクターは著作物として保護されている

著作権は、知的財産のうち著作物を保護する権利です。「著作物」とは、思想または感情を創作的に表現したものであって、小説、脚本、論文、講演その他の言語、音楽、絵画、版画、彫刻その他の美術などがあり、人気漫画のキャラクターも、保護の対象になります。

ご質問では、人気漫画のキャラクターをアレンジしてみた、とのことですが、著作権者の許諾なくこのような行為を行うことは、著作権侵害とされる可能性があります。他人の著作物を基にして、同一あるいは類似のコピー等を行った場合、著作権侵害として、民事責任と刑事責任の問題が生じ得るのです。

民事責任については、著作権者は著作物の使用行為の差止請求や、損害賠償請求、時には不当利得の返還請求や名誉回復などの措置を請求することができます。

刑事責任については、著作権を故意に侵害した者は、10年以下の懲役もしくは

法律Check

1 **知的財産権の内容は…**

特に、知的財産権のうち、特許権、実用新案権、意匠権、商標権の4つを産業財産権といいます。そのほか、著作権、育成者権などがあります。

1千万円以下の罰金、またはその両方という刑が科されます。

さらに、キャラクターが商標登録されている場合には、商標権侵害の問題もあります。

商標権は、商品やサービスに付されるマークである商標を保護する権利です。

いずれも重大な結果につながり得るものです。勝手にキャラクターをアレンジして会社の業務に使用することは、避けましょう。

イラストは明らかにフリーのものを使ったり、新たに依頼して作成しましょう。

Q28

学生気分で同期の飲み会で騒いでいたら、翌日、その場でセクハラがあったとして会社から呼出しを受けました。まったく身に覚えがないのですが、最悪の場合、セクハラで解雇されてしまうのでしょうか？

回答

懲戒解雇となる場合もないとはいえません。

アクションアドバイス

きちんと反省し、今後は言動に気を付けましょう。

1 会社はセクハラ（セクシュアルハラスメント）に対処しなければならない

セクハラ（セクシュアルハラスメント）とは、性的嫌がらせのことをいいます。このような行為が職場で行われれば、被害者が取返しのつかない傷を負うこともありますし、職場にも大きな悪影響を与えることになります。そこで、セクハラに関しては、会社は社員からの相談に応じ、必要な措置を講じなければならないとされ

ここがPoint

セクハラとして訴えられた行為の内容によっては、懲戒解雇になる場合もあります。

ています（男女雇用機会均等法）。

セクハラとなり得る行為には、次のようなものがあります。

① 対価型セクハラ

職場での性的な言動に対する反応に関連して、社員が解雇や配転をされたり、労働条件で不利益な取扱いがされたりすること。例えば、以下のとおり。

❶ 事務所内で社員に性的な関係を要求したが、拒否されたため、その社員を解雇すること。

❷ 出張中の車中で同行した社員の腰、胸等に触ったが、抵抗されたため、その社員に不利益な配置転換をすること。

❸ 営業所内である社員に関する性的な事柄について、日頃から公然と発言していたところ、抗議されたため、その社員を降格すること。

② 環境型セクハラ

職場における性的な言動により、社員が苦痛を感じたり、仕事に対する意欲をそがれたりする等して職場環境が害されること。例えば、以下のとおり。

法律Check

1 **男女雇用機会均等法では…**

セクハラ対策として雇用管理上必要な措置を講ずることを事業主に義務づけています（11条）。

❶ 事務所内で他の社員の腰、胸等にたびたび触ったため、その社員が苦痛に感じて、就業意欲が低下していること。

❷ 同僚が取引先で、他の社員に関する性的な内容の情報を意図的かつ継続的に流布したため、その社員が苦痛に感じて仕事が手につかないこと。

❸ ある社員が抗議をしているにもかかわらず、事務所内にヌードポスターを掲示しているため、その社員が苦痛に感じて業務に専念できないこと。

2 セクハラ事案に対する会社の対応は厳しいものとなる

厚生労働省の指針により、職場におけるセクハラ相談の申出があった場合、会社は、事実関係を迅速かつ正確に確認し、事実が確認できた場合は、行為者に対する措置を適正に行わなければなりません。

ご質問では、同期の飲み会で騒いでいたら、翌日、その場でセクハラがあったとして会社から呼出しを受けたとのことです。会社は、事実関係の確認を行おうとしているのだと思われます。まったく身に覚えがないとのことですが、性質上、証拠が残らないことも多いセクハラでは、相手の社員の申立てが行為の直後になされ、かつその主張が具体的で合理的なものであった場合には、主張が事実として認定さ

法律Check

2 厚生労働省の指針とは…

職場におけるハラスメントを防止するために、事業主が雇用管理上講ずべき措置が指針に定められています。事業主はこれらを必ず実施しなければなりません（ほかに実施が「望ましい」とされているものもあります）。

れることも考えられます。

セクハラの事実が認められた場合には、会社としての厳しい態度を示し、再発を防止するなどの観点から、懲戒処分にする場合が多く見られます。懲戒解雇ほどの重い処分になるかどうかはケースバイケースですが、何らかの懲戒処分となる可能性はあります。

処分の有無にかかわらずきちんと反省し、今後は言動に気をつけましょう。

第5章

仕事のミスは自己責任？

請求書の発行ミス、会社のパソコンを壊してしまった、営業資料が流出……。
これって自己責任？

Q29

請求書の発行ミスで入金額が少なくなってしまいました。賞与で穴埋めすることはできないのでしょうか？

回答

賞与で穴埋めはできません。

アクションアドバイス

会社に正直に報告し、正しく請求しましょう。

1 請求金額は契約時点で決まっている

ご質問では、請求書の発行ミスで入金額が少なくなってしまったということです。これは取りも直さず、「本来はこれだけ請求すべきであった」という金額があるということです。

会社間等での取引に関する交渉に基づき、具体的な取引条件が合意され、時には契約書も作成されて、履行の段階に至ったものでしょう。代金を含む取引条件は、

ここがPoint

請求書の誤りで請求できていない分を正しく請求し直すべきです。金額を自腹で埋めればよいというものではありません。

この過程で具体的に決められています。その後に請求書の金額を少なく書いてしまったからといって、会社の請求できる代金が減額されてしまうものではありません。

したがって、言い出しにくいでしょうが、請求書の誤りで請求できていない分を正しく請求し直すべきである、というのが正しい対処法になります。

2 会社が損しなければよいというものではない

ご質問では、賞与で穴埋めすればよいかとのことですが、単に経済的に会社が損をしなければ済むというものではありません。会社は、その取引等による収支に基づき、会計年度ごとの計算書類をまとめ、納税等も行います。実際の取引で合意された金額と、入金された金額との間に齟齬が生じていれば、それ自体が問題ですし、それを別途社員のポケットマネーで補ったりすれば、「その入金は何か」といった税務会計上の問題が生じ得ます。

多くの会社に経理専門の担当がいることからわかるように、経理というのは大変な作業です。そこには適正さが要求され、国との関係で厳しいルールに従った処理がされていることを念頭に置いて対応しなければなりません。

法律Check

Q30

会社のノートパソコンを落として壊してしまいました。自分の不注意ですから、弁償しなければなりませんね？　学生時代、バイトしていたときもそうでした。

回答

多くの場合、自分で弁償する必要はありません。

アクションアドバイス

会社の備品は、注意して取り扱いましょう。もし壊したら、総務に届けましょう。

ご質問のように、会社のパソコンを落として壊してしまったとか、会社の車を運転していたら傷をつけてしまったとか、取引上のミスで取引先に損害を与えてしまったなど、社員が仕事をする過程で、何らかのミスで会社に損害を与えてしまうといったことは起こります。このような場合に、その社員は会社に対して、損害を賠償しなければならないのでしょうか。

ここがPoint

重大な過失によるものであれば、自己負担が生じる場合もあります。

会社と社員との間は、労働契約（雇用契約）という契約関係で結ばれています。このように契約関係で結ばれている一方が、故意過失（不注意によるミス）によって、他方に損害を与えてしまったという場合を債務不履行といい、その者は損害賠償責任を負うとされています。

そうすると、社員は、会社に対して損害を賠償しなければならないようにも思えます。でもそれでは、会社にいつ損害を与えてしまうか、びくびくしながら仕事をすることにもなりかねません。

そもそも、会社は、社員が多くの仕事をこなすことによって、多くの利益を上げているわけです。その過程で生じた損害はすべて社員が負担しなければならないとすれば、会社は利益ばかりを取得し、損害は社員が負担する、という形になって不公平でしょう。ですから、「利益あるところに損失あり」という発想によって、業務の通常の過程で生じる損害は、会社が負担すべきであるとされています。

ですが、安心しきってはいけません。ミス、すなわち過失といっても、重大な過失（重過失）と軽微な過失（軽過失）があります。重過失ともなれば、社員が少し注意すれば防げるはずのものであり、業務の通常の過程で損害を生じたとは言い切

Q30

法律Check

れません。したがって、重過失ともなれば、損害を社員が負担しなければならない場合も出てくるのです。過度に萎縮してはいけませんが、適度な緊張感をもって、仕事にあたりましょう。

ご質問のケースでは、まず会社（総務など）に届け出ることが必要です。

法律
Check

Q31

会社から持ち帰った営業資料を入れたカバンが置き引きされてしまいました。自分は被害者ですから、会社から責任を問われることはないと思うのですが、上司から怒られました。ひどくないですか？

回答

置き引きされたほうにも責任はあり得ます。

アクションアドバイス

仕事で使用する資料については、その保管などの取扱いに十分に気をつけましょう。

1 カバンが置き引きされた側にも責任はある

会社から持ち帰った営業資料を入れたカバンが「置き引きされて」しまったとのことですが、盗まれてしまったのだから自分は悪くない、ということにはなりません。どのような場所に、どのような状態でそのカバンを置いていたのか、周囲にど

Q31

ここがPoint

営業資料には、会社の企業秘密が載っていることもあり、それが漏えいすれば、会社に重大な損害が生じる場合もあります。盗まれた側にも落ち度がある場合には、加害者として責任を負うことも。

のような人がいたのか、自分はどこにいたのか、そしてどのように盗まれたのか等、具体的状況によっては、盗まれた側にも、管理上の落ち度があったとして責任が生じる場合もあり得ます。

責任というものは、人の「行為」に対して生じますが、行為には「作為」（何かをした）と「不作為」（ある行為をしなかった）があります。何かをした、というだけでなく、必要なことをしなかったということも、行為の1つとして、責任が生じる原因となるのです。

2 紛失した営業資料の情報の価値が問題となる

営業資料が紛失したことによる損害については、どのように考えればよいでしょうか。物理的な資料としての価値は、紙の代金程度でたいしたことはないかもしれませんが、問題は、そこに載っている情報の価値です。

紙は、情報が載ることにより情報媒体として大きな価値を持ち得ると共に、その情報が漏えいして他者に渡ってしまうと、価値が大きく減少してしまうこともあります。特に、競合他社にその資料が渡って勝手に使用されてしまった場合には、そ

法律Check

の資料の作成に要した費用の損害や、営業上のノウハウが漏えいしたことによる損害などが発生する可能性もあります。

業務で使用する各種資料・書式の重要性をきちんと認識しましょう。会社から厳しく指導を受けていると思いますが、例えば、会社が使用する特定のフォーマットによる領収書の書式などは非常に重要です。これを紛失して悪用されれば、領収書が偽造されて事実に反する主張がなされるなど、さらに大きな混乱につながるおそれもあるのです。

Q31

Q32

社有車で営業中に自転車と接触事故を起こしてしまいました。脇見運転ですから、完全に自分の責任だと思い、示談にしました。上司に報告したら怒られました。どうしてでしょうか？

回答

社有車での事故ならば会社の責任にもなり得るからです。

アクションアドバイス

自分だけで判断せず、社有車に関する会社のルールに従って対応しましょう。

1　交通事故が発生した場合は会社も責任を問われる

社員が自動車事故を起こしたといった場合、自賠法（自動車損害賠償保障法）が関係してきます。会社は使用者責任、人身事故についての運行供用者責任が問われ、損害賠償責任を負うことがあります。使用者責任については、**Q15**をご確認ください。ここでは、運行供用者責任について見ておきましょう。

ここが
Point

脇見運転であれば、こちらの過失もありますが、先方にも過失があり、過失相殺が認められる場合があります。勝手に、自己判断で現場で念書を書いてはいけません。

運行供用者とは、車両を運転していた人や車両の所有者のことで、所有者でなくても、会社が社員のマイカーを業務で使用させていたような場合には、会社が運行供用者にあたるとされる傾向にあります。

ご質問のように、こちらが自動二輪車・四輪車等を運転していて、相手方の自転車運転者にケガをさせたといった場合には、運転者本人と会社が運行供用者として責任を負うことになります。物損事故の場合も、民法により、やはり運転者本人と会社が責任を負います。

2　過失相殺があるので自分の責任を勝手に判断しない

交通事故は、必ずしも一方のみの過失で発生するものではありません。双方に過失がある場合、被害者側にも落ち度がある場合には、この点を考慮しないで損害全部の賠償責任が加害者側にあるとしてしまうと、加害者には酷な結果になると言えます。

そこで、公平を図るため、被害者側の過失に相当する分だけ、損害賠償額を減額する「過失相殺」という制度が設けられています。注意してほしいのは、一般的な感覚ではよそ見をしていたこちらが一方的に悪いと思える場合でも、過失相殺の基

法律Check

1　自賠法では…

以下のとおり定められています。

自賠法3条　自己のために自動車を運行の用に供する者が、その運行によって他人の生命または身体を害したときは、これによって生じた損害を賠償する責に任ずる。（以下、略）

Q32

準では双方が動いていた以上、被害者にも1～2割は過失があるなどと判断されるケースはざらにあるということです。

個人的な思い込みで、現場で完全に自分の責任だと認めてくるなどということのないようにしましょう。

3 会社のルールに従った対応を

以上のとおり、交通事故の場合に責任を負うのは運転者本人だけではなく、会社も連帯して責任を負うことになります。したがって、運転者が勝手に示談等の話を進めれば、会社にも影響が及ぶことがあります。

このような理由から、通常は会社が、業務中に交通事故を起こしてしまった場合の対処法については、具体的なルールを決めているはずです。仕事で車両を使用する人は、それにしっかり目を通しておく必要があります。

法律Check

第6章

プライバシーは守られる？

「○○病で通院してるんだけど、会社に言わなきゃダメかな……？」

プライバシーに関する情報は、どこまで伝える必要があるのでしょう。

Q33

婦人科の病気で手術を受けることになりました。知られたくないので、会社の人には秘密にしようと思っています。年休を使いますし、仕事上迷惑はかけませんし、プライバシーの問題ですからいいですよね？

回答

仕事に支障がないならば、知らせなくてもよいでしょう。

アクションアドバイス

本当に仕事に支障がないか、直属の上司に確認しましょう。

会社は社員に関する個人情報を収集し、これに基づき、配属・担当を決めたり、人事異動・権限分配を行ったりします。適切な部署に適切な人材を配置するのに、個人情報を知ることは不可欠です。他方、個人情報が過度に流通したのでは、情報主体である社員の保護に欠ける結果となります。そこで、その調和を図る必要があります。

一般的な法律としては、個人情報保護法がありますが、それとは別に、会社にお

ここがPoint

会社に申告する義務があるわけではないので、労務提供に支障がなければ、詳細を伝える必要はありません。

Q33

いては社員の健康情報等のデリケートな情報について、特別な扱いが求められています。**厚生労働省が指針**を出し、健康情報等の取扱いの基本事項や考え方を示しています。

指針では、会社は、社員の健康を管理するために「健康情報等の取扱規程」を作らなければならないとしています。そして、会社は、社員の健康確保のために必要であったり、安全配慮のために必要でないかぎりは、社員が健康に関する情報を提供しないからといって、解雇などの不利益な取扱いをすることを禁止しています。

逆に言えば、病気によって労務提供に支障が生じるのであれば、社員としての義務を履行できない以上、社員は病気の事実を明らかにすべきでしょう。

婦人科の病気で手術を受けることになったとしても、それが労務提供に支障を来すものでなければ、会社に詳細を伝える必要はありません。逆に労務提供に支障を来すような場合には、病気という正当な理由があることを示すために、会社にきちんと説明すべきでしょう。

法律Check

1 **個人情報とは…**

Q35を参照してください。

2 **厚生労働省の指針とは…**

「労働者の心身の状態に関する情報の適正な取扱いのために事業者が講ずべき措置に関する指針」が2019年4月1日から適用されています。

Q34

休日に街でけんかに巻き込まれて警察に連行された友人がいます。この友人の会社に知られないで済ませることはできるのでしょうか？

回答

休日の出来事とはいえ、会社に知られないことは難しいかもしれません。場合によっては懲戒処分となることも考えられます。

アクションアドバイス

事件の詳細を見極めましょう。

1 私生活上の非行は原則として懲戒の対象とならない

ご質問では、休日に警察がらみの事件が起こっており、会社との関係が心配されています。このように業務上の問題ではなく、社員の「私生活上の非行」については、懲戒の対象となるのでしょうか。

懲戒とは、企業秩序を乱した場合や労働契約に定める義務に著しく反した場合に下される制裁処分をいいます。多くの社員が共同して労務提供する場である会社で

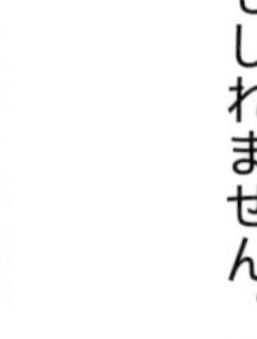

ここが Point

休日の出来事については、当然に会社との関係で問題が生じるわけではありませんが、刑事事件の場合には懲戒の対象になることも。

は、秩序だった環境の下で、整然と働ける状況が不可欠ですから、これを害する行為は、会社に著しい損害を与えることになります。そこで、懲戒処分という厳しい対応も認められているのです。

この点からいえば、私生活上の非行は、基本的に企業秩序の範囲外であり、原則として懲戒処分の対象にはならないわけです。

このような場合に何が何でも懲戒処分を強行すれば、懲戒権の濫用として無効になる可能性があります。

2 例外的に懲戒の対象となり得る場合もある

しかし、実際には、私生活上の出来事であっても、企業秩序に影響を及ぼす場合があります。例えば、運送会社の社員が、休みの日に飲酒運転をして事故を起こしたといった場合が考えられます。また、社員が私生活で刑事事件を起こした場合、それが知られれば会社に対する社会からの評価に響いたり、社内の雰囲気に悪影響を及ぼすなど、結果的に企業秩序を害することもあり得ます。

したがって、たとえ私生活上の非行であっても、懲戒の対象とされることはある

法律Check

1 懲戒権の濫用とは…

労働契約法15条で、客観的に合理的な理由を欠き、社会通念上相当であると認められない懲戒処分は、懲戒権を濫用したものとして、無効とするとされています。

のです。ただし、刑事事件を起こしたとしても、どのような行為だったのか、刑の内容や重さ、その従業員の職務上の地位などの諸事情を考慮して、懲戒の対象にできるかを決めることとなります。

ご質問では、友人が休日に街でけんかに巻き込まれて警察に連行されたとのことです。だからといって、その友人が必ず懲戒の対象になるとは限りませんが、休日の出来事だから会社は無関係だとは言い切れないのです。事件の詳細を見極めましょう。

法律Check

Q35

同僚からゲイだと打ち明けられました。社内では本人との約束で秘密にしていますが、他社で働いている友人には話してもいいですか？

回答

他社の友人にも話してはいけません。

アクションアドバイス

個人情報の取扱いについて確認しておきましょう。

1　個人情報の「第三者提供」には厳しい規制

生存する個人に関する情報であって、個人を特定できるものを個人情報といい、その取扱いについては、個人情報保護法が詳細に定めています。

かつて、わが国では、個人情報に関する取扱いがかなりルーズでした。その反省から個人情報の取得段階・利用段階・第三者提供など、問題となる段階ごとにルー

ここがPoint

LGBTQなどの、性的指向・性自認に関する情報はきわめて機微性の強い情報です。本人の同意なく他の人に告げてはいけません。

ルを定めたのです。

個人情報の漏えいとの関係で最も重要な局面は第三者提供です。個人情報を第三者に提供するということはそれ自体がある意味、漏えいのようなものです。そのため、規制は厳しく、**原則として本人の同意がなければ、個人情報を第三者に提供してはならない**とされています。

ご質問のように他社で働いている友人に話すというのは、この第三者提供にあたります。

2 特に注意すべき「要配慮個人情報」とは

個人情報の中でも特に機微なもので、取扱いに慎重さが求められるものが、「要配慮個人情報」です。これは、本人の信条、社会的身分、病歴、犯罪の経歴等、本人に対する不当な差別、偏見その他の不利益が生じないよう、**取扱いに特に配慮を要するもの**をいいます。

要配慮個人情報については、本人の同意を得ないで勝手に取得したり、第三者に提供することができません。

ＬＧＢＴＱについては、法律上は、まだ時期尚早であるとして要配慮個人情報に含められていませんが、同様の、あるいはそれ以上に慎重に扱うべき重要な個人情報であることに、ほぼ異論は出ていません。

以上からおわかりのとおり、ゲイであるという性的指向・性自認に関する情報は、他社で働いている友人に対してであっても、本人の同意なく漏らしてはいけないのです。

社員の性的指向・性自認に関する情報については、パワハラに関して設けられたガイドラインでも取り上げられています。そこでは、パワハラに該当し得る例として、「労働者の性的指向・性自認や病歴、不妊治療等の機微な個人情報について、当該労働者の了解を得ずに他の労働者に暴露すること」という例があげられています。

---

1 **パワハラに関して設けられたガイドラインとは…**

厚生労働省は、2020年に「事業主が職場における優越的な関係を背景とした言動に起因する問題に関して雇用管理上講ずべき措置等についての指針」を策定しました。

第7章

顧客・取引先との向き合い方

「毎回かかってくるクレーム電話に、キレて怒鳴り返しちゃった」

「取引先には、自腹でお礼を贈るんだ」

それって大丈夫？

Q36

発注先の担当者が、無理な注文を出してもいつもなんとかしてくれます。先日も自分の発注ミスがありましたが、急きょ、納期を早めてもらって事なきを得ました。よい取引先でラッキーですよね？

回答

取引先に頼りすぎるのは危険です。いつか無理なお願いをされるかもしれません。

アクションアドバイス

「無理な注文」はやめて、契約どおりに仕事をするようにしましょう。

企業間の取引では、契約に基づいて、双方当事者である企業が、いつまでに何をしなければならないかが決められます。納期その他が明確であることによって、将来についての予見可能性も確保でき、安心して業務が展開できるのです。

ご質問では、発注先の担当者が、無理な注文を出してもいつもなんとかしてくれるとのことです。確かにありがたい面はあるのですが、弊害が生じることも考えられます。慢性的にこのような関係が続くと、今までに受けた恩との関係で、なかな

ここが Point

取引先の好意に頼ることは不適切な癒着につながるだけでなく、いざ頼みに応じてもらえなかった場合に混乱が生じるおそれもあります。

か強いことが言えなくなるといったこともあり得るでしょう。さらにこれが行き過ぎると、本来あってはならない限界を超えて、担当者の便宜を図るなどということにもなりかねません。

きつい言い方をすれば、不正の温床になり得るということです。

先方の好意に頼りすぎることには、逆の危険もあります。例えば、いつもいつも納期を早めてもらってきたため、今回もそのつもりでいたところが、先方の社内事情で、急に対応はできないとの連絡が来たらどうしますか。あるいは、先方の担当者が転勤等で急にいなくなるといったこともあるかもしれません。

本来の契約上の約束どおりに事を運ぶことをせず、先方の好意による対応に甘えていると、こちらの企業としての体力が弱まってしまうことにもつながりかねないのです。

まずは「無理な注文」になってしまう原因を突き止め、その再発防止に努めることが肝要でしょう。

法律Check

1 **予見可能性とは…**

ある出来事が起こったとき、事前にその出来事を予想できたかどうかの可能性をいいます。予見可能性があるのにそれを回避せずに損害が生じた場合には、過失（落ち度）とされます。

Q37

懇意にしてくれる取引先の担当者が、先方の社内事情を教えてくれました。興味をもっていそうな株を始めた友達がいるのですが、話さないほうがいいですかね？

回答

話さないほうがいいですね。

アクションアドバイス

インサイダー取引について理解しておきましょう。

会社に関わるさまざまな出来事は、その会社の株価に影響することも多くあります。会社が新株を発行することを決定した、他社と合併することになった、主要な株主の変動があった、今期の業績が予想に大きく反して良かった／悪かった…。

もし、内部事情に触れられる人が、これらの出来事が公表される前に知ることができたら、株価が上がる前に買っておく、逆に株価が下がる前に売り抜けておく、といった対応が可能になります。

このような行為を許容していたら、金融商品市場の公正さと健全さが損われ、ひ

ここがPoint

社内の関係者から知った情報に基づいて株取引を行うことは、インサイダー取引規制に引っかかるおそれがあります。注意しましょう。

いては金融商品市場に対する一般投資者の信頼が失われることになります。簡単に言えば、誰も株取引などしなくなってしまいます。

そこで、**金融商品取引法**という法律で、会社の重要な情報を知ることのできる人が、その情報を知り、それが公表される前に、会社の株式等を売買することを**「インサイダー取引」**として規制しているのです。

具体的には、上場会社等の「会社関係者」であって、上場会社にかかる業務等に関する「重要事実」を職務に関して知った人は、その事実が公表された後でなければその会社の有価証券等の売買等をしてはならないとされています。

「会社関係者」の範囲としては、上場会社やその親会社・子会社の役員、社員、パートタイマー、アルバイト等が考えられます。これらの会社関係者、あるいはそこから直接情報を知った「情報受領者」も、インサイダー取引規制の対象者になり得るのです。

インサイダー取引規制違反となると、５年以下の懲役もしくは５００万円以下の罰金等の重い刑罰の対象になります。

このような規制を考えると、仕事で知り得た社内事情を安易に利用したり、人に話したりすることは、危険だということがわかると思います。

法律
Check

Q38

最近、同じ人からクレームの電話が続いています。あまりにしつこいので、応対せずに怒鳴りつけて電話を切ってしまいました。仕方ないですよね？

回答

仕方ないとはいえません。

アクションアドバイス

やり取りが公開されるかもしれないという前提で対応しましょう。

会社の業務は、人が行うものである以上、時にはミスが生じることもあるでしょう。製品であれば、欠陥品が生じることも100％は防止できません。そのような場合に、当然ながら、顧客から不都合な点について、電話等での連絡が来ることになります。会社としては、これに対応することは当然です。いわゆる**クレーム対応**です。

ご質問では、このクレームが、同じ人から繰り返されているようです。また同じ話か、前回説明したじゃないか、とうんざりする気持ちも理解できます。でも、「あまりにしつこいので、応対せずに怒鳴りつけて電話を切ってしまいました」という

ここがPoint

いかにしつこいとはいえ、クレーム対応として、応対せずに怒鳴りつけるというのは危険です。

対応で、大丈夫なのでしょうか。

このような場合に関しては、有名な事件があります。企業に対して、対応に不満をもった顧客が連絡をしてきたのですが、あまりにも連絡がしつこくなされたことで、担当者が切れてしまったようで、「お宅さんみたいのはね、お客さんじゃないんですよ、もう。クレーマーっちゅうの、お宅さんはね。クレーマーっちゅうの」と対応したのです。

悪いことに、この会話は録音されており、ネット上に公開されてしまい、大問題になりました。当時はインターネットも十分に普及しきっていなかった時代であり、担当者も十分な意識をもっていなかったのかもしれません。今日でも、クレーム対応の反面教師としてよく取り上げられています。

たとえクレームの電話が繰り返されているとはいっても、相手は会社の顧客です。限度を超えた場合に、こちらから会話を打ち切るということもあるでしょうが、相応の節度をもった対応をするべきです。いつ、録音に取られたその会話が公開されないとも限らないという意識をもって、揚げ足を取られないような対応を心がけましょう。

法律Check

Q39

取引先の担当者と仲良くなったので、販売契約が取れるたびにお礼のプレゼントを贈るようにしています。負担は大きいですが、自分の業績には代えられません。先輩社員もそうしているようなのです。そういうものなんですかね？

回答

不正とみなされる危険な行為だといえます。

アクションアドバイス

自腹を切っている場合でも控えたほうがよいでしょう。

1 お礼のプレゼントはリベートの一種となる

競合他社との競争のなかで、いかに取引先と契約まで至るか、その関係をどのように維持していくのかは、仕事をしていくなかで、大きな問題でしょう。もちろん、自社の製品やサービスの質、価格競争力などで、先方の会社を説得できるのであればそれでよいのですが、そのほかにも、取引関係を継続するための商慣行として、

ここが Point

取引に関連して先方の担当者に物を贈るというのは、不正と結びつけて取られるおそれもあり、お勧めできません。

リベートがあります。

リベートというのは、言葉としては、謝礼金、賄賂などいろいろな意味がありますが、通常、取引が行われた場合に、売り主から買い主に対して支払われる謝礼金のことです。キックバックなどと呼ばれることもあります。お礼のプレゼントもリベートにあたります。

2 行き過ぎたリベートは不正行為と見られる危険性がある

リベート自体は、一般的に見られる商慣行であり、会社の適切な判断に基づき、相当な範囲で行われるかぎり、当然に違法になるものではありません。しかし、物事には程度があります。

金額的に行き過ぎた場合には、取引先担当者の関心を不当に引こうとするもので、違法になる可能性が出てきます。相手方が公務員や会社役員の場合に認められる賄賂と同様のにおいがします。また、会社の正式な意思決定によらずに、担当者が勝手に行った場合、会社のお金を使ったのであれば、窃盗や、横領といった刑事事件につながるおそれもあります。

ご質問では、販売契約が取れるたびにお礼のプレゼントを贈り、その負担が大きいということですので、自腹を切っているのだろうと思います。そのかぎりでは、窃盗・横領といった問題は起こりませんが、程度が行き過ぎる場合には、取引先担当者の判断を歪ませることを意図したものとして、不正・不当な行為と見られる可能性も出てきます。

プレゼントを贈る回数を減らす、1回ごとにかける金額を減らすなど、インパクトを弱める工夫をしたほうがよいと思います。

法律
Check

第8章

解雇・退職をめぐるトラブル

退職届を捨てられた、退職を撤回したら無理だと言われた……。
会社を辞めるにはきちんとした手続きが必要です。

Q40

不注意によるミスを続けたところ、上司から「お前なんか、クビだ」と言われ、その後は口をきいてくれません。自分は解雇されてしまったのでしょうか？

回答

解雇されたということはありません。

アクションアドバイス

解雇についてのルールを理解しておきましょう。

1 解雇は簡単には認められない

解雇とは、労働契約期間の途中で会社側から契約を断ち切ることをいいます。労働契約は、社員の生活の糧ですから、解雇はそう簡単に認められるものではありません。

①客観的で合理的な解雇理由があること、②解雇が社会通念上相当である、すなわち、解雇という処分が重すぎない（その社員のやったことがそれほどひどい行為

ここがPoint

上司から「クビだ」と言われたからといって、解雇されたことにはなりません。口をきいてもらえない点については、パワハラの可能性も考えられます。

である、ということです）ことが必要になります。

ご質問では、不注意なミスを続けたという以上の事情はわかりませんが、以前にたびたび注意されてきたのに改められず、よほど重大な結果となっているといった事情がないかぎりは、解雇が認められることは難しいでしょう。

ちなみに、解雇をするには、契約終了の日から数えて少なくとも30日前に予告しなければならず、すぐに解雇とするには解雇予告手当を支払わなければなりません。

2　上司が部下を自由に解雇できるわけではない

それでは、ご質問のケースでは、解雇されたといえるのでしょうか。

解雇には上記のようなハードルがあることも踏まえ、どの会社でも、解雇の判断権をもつ人が、所定の手続きを経て解雇を決定するのが一般です。上司であれば誰でも、自分の部下を自由に解雇できるというものではありません。

また、上司から「お前なんか、クビだ」と言われ、その後は口をきいてくれない、ということですが、そもそも解雇されたのであれば、会社にいることすら認められないはずです。

法律Check

3 上司の態度はパワハラに該当する可能性がある

解雇の問題以外に、上司が部下とまったく口をきかないということの問題点もお話ししておきましょう。企業内で、ある者が社内の優越的な地位を背景に、業務上必要かつ相当な範囲を超えた言動で、他の従業員の働く環境を害することをパワハラ（パワーハラスメント）といいます。代表例が上司による部下いじめです。

このパワハラにはいくつかの類型があるとされており、その1つが「人間関係からの切り離し（隔離・仲間外し・無視）」です。**厚生労働省によるガイドライン**では、「自身の意に沿わない労働者に対して、仕事を外し、長期間にわたり、別室に隔離したり、自宅研修させたりすること」がパワハラに該当する例としてあげられています。

上司からすれば、口をきかないことにより反省を促した、などと言い分はあるのでしょうが、パワハラにも該当し得る非常に問題のある行動だといえます。

法律Check

1 **厚生労働省のガイドラインとは…**

Q35を参照してください。

Q41

気分が落ち込んで、上司に退職したいとSNSで伝えましたが、やはり辞めないことにしました。ところが上司は、会社に報告してしまったから退職するしかないと言っています。このまま辞めなければならないのでしょうか？

回答

本心ではなかったと主張することはできます。

アクションアドバイス

弁護士に相談しましょう。

1　退職の意思表示には2通りがある

社員が退職届などの書類を会社に提出し、退職したい旨の意思表示をした場合、それは、「一方的解約の通知」、「合意退職の申入れの意思表示」の2通りの場合が考えられます。後者であれば、会社から承諾の意思表示がなされないかぎり、労働契約は終了しないことになりますが、前者の場合には、意思表示の時点で労働契約は

ここがPoint

退職の意思表示方法としては、SNSでも問題ありません。会社は有効な退職届として扱うことができますが、本人が真意ではなかったと主張することは可能です。

終了することになります。

ご質問では、一度SNSで退職したいと伝えており、これが「一方的解約の通知」であれば、すでに労働契約は終了していることになり、後で辞めないことにしたと言っても通りません。これに対し、「合意退職の申入れの意思表示」の場合には、会社から承諾の意思表示がなされるまでは、撤回できますから、やっぱり辞めない、とすることも可能です。

ご質問者としては、あくまでも合意退職の意思表示であってまだ契約は継続していると主張することもできますが、水掛け論となりそうです。

2 退職の意思表示の方法に限定はない

もう1つ、SNSによって意思表示がされたという方法の問題があります。退職の意思表示の方法に限定はありません。口頭による場合、書面を提出する場合、メールで送る場合など、さまざま考えることができます。SNSによる方法も、もちろん可能と考えられます。面と向かって伝えたのではプレッシャーをかけられて意思表示ができない場合、会社がどうしても応じない場合などには、あえてSNSという方法によるメリットも考えられるといわれています。

他方で、ＳＮＳという方法については、退職という重要な意思表示をこのような方法で行うのは非常識である、退職の意思が固まっているとは評価し難い、などという批判もあり、この点がデメリットとされています。

ご質問では、辞めたくないというわけですから、「ＳＮＳによる意思表示は真の退職の意思に基づくものでない」などと主張することができます。

もっとも、これも会社の主張と平行線になる可能性もありますし、意思表示に至った状況によっても、解釈のあり方は異なってくると思われます。

一度、具体的状況を踏まえて、弁護士と相談されるとよいでしょう。

Q42

上司に退職届を出したのに、目の前で捨てられてしまいました。このまま辞めることはできないのでしょうか？　思い切って、明日から会社に来なければ辞められるでしょうか？

回答

辞められないということはありません。

アクションアドバイス

退職のルールを確認したうえで、人事部あてに提出し直しましょう。

1　退職届の性質

社員が会社を辞めたいと考えた場合、会社に退職届を出す、というのが通常だと思いますが、ご質問では、退職届を出したところで上司によって捨てられてしまっています。これでも退職できたことになるのでしょうか。

期間の定めがない契約の場合（多くの企業では正社員ということになるでしょう）、社員は会社に対して2週間前に予告すれば、会社との契約を解約し、退職で

ここがPoint

退職届を提出するだけでは、必ずしも労働契約が終わっているとはいえません。一方的に会社に出社しないでいると、無断欠勤として扱われる可能性があります。

きるとされています（一方的解約の通知、Q41参照）。契約が定年時まで続く以上、長期にわたり労働者を縛りつけることはできませんから、従業員に退職する権利を認める一方、いきなり辞めると言われても会社は困りますから、２週間前には予告をしなければならないことにしたのです。

退職届を出してしまえば、２週間後に契約は終了、ということになりそうです。しかし、退職届は、このようなものには限らないとされています。「私、辞めますから！」とたたきつけるような辞め方（一方的解約の通知）ばかりではありません。むしろ、「辞めさせていただけませんか」という退職の申出（合意退職の申入れの意思表示、Q41参照）もあります。この場合には、申出があっただけでは何も起こらず、会社がこれを承諾して初めて契約は終了するということになります。

退職届による意思表示がいずれのケースであるかの判断はなかなか難しいのですが、一般的には、合意退職の申入れと解されることが多いとされています。「私、辞めますから！」と、有無を言わさずたたきつけるかのように退職届を出して去って行く、ということはあまり多くないだろうとされています。

2 ご質問のケースへの対応

それでは、上司に退職届を出したのに、目の前で捨てられてしまった場合はどうなるのでしょうか。原則どおりに**合意退職の申入れ**であると考えると、会社側の承諾がないかぎり、労働契約は終了しないことになります。社員に退職の自由があることを考えると、会社はその受領を拒否すべきではないとされているのですが、ご質問のケースでは、提出した退職届が上司の段階で破棄されてしまっており、会社からの承諾の意思表示はなされていません。労働契約は続いていることになりそうです。思い切って、明日から会社に来ない、ということになれば無断欠勤です。懲戒処分の対象になってしまうかもしれず、お勧めはできません。

どうしても退職したいという場合は、再度退職届を人事部あてで内容証明郵便の形で提出するなどということも考えられます。

法律Check

■法律Check 索引

千葉　博（ちば・ひろし）

東京大学法学部卒業。1991年司法試験合格、1994年弁護士登録後、高江・阿部法律事務所入所、2008年千葉総合法律事務所を設立、2022年4月より内幸町国際総合法律事務所 代表パートナー弁護士。主に労働問題、交通事故、保険・企業法務一般を手がける。著書に『人事担当者のための労働法の基本』（労務行政）、『労働法正しいのはどっち?』（かんき出版）、『法律大百科事典 仕事で使う用語・ルール・条文100』（翔泳社）など。

新社会人のための法律知識

働くときのギモンQ&A

2023年2月1日　第1版　第1刷発行

著　者　　千葉　博
発行者　　平　盛之
発行所　　（株）産労総合研究所　出版部　経営書院
〒100-0014
東京都千代田区永田町1－11－1三宅坂ビル
TEL　03-5860-9799
URL　https://www.e-sanro.net/

デザイン　DeHAMA
校正　ドーン・プランニング
印刷・製本　中和印刷株式会社

定価はカバーに表示してあります。
ISBN　978-4-86326-336-9